Experiencing Chinese

体验汉语®

国际语言研究与发展中心

学生用书
初中
Student Book
Middle School
2B

高等教育出版社
Higher Education Press

前　言

新学期开始了，欢迎一起来“体验汉语、体验快乐、体验成功”！

《体验汉语》初中系列教材是在中国国家汉语国际推广领导小组办公室的帮助下，由“国际语言研究与发展中心”专门为北美初中学生编写的系列汉语教材。

适用对象

本系列教材为汉语零起点初中学生编写，适用对象为公立与私立中学 7 ～ 9 年级选修汉语课的学生，或 13 ～ 15 岁的汉语学习者，也可用于其他相应水平的汉语教学。

设计思想

本系列教材提倡体验式教学方法，力求创造快乐学习氛围；选材贴近学生真实生活，旨在培养学习者的实用交际能力。

为了实现这些目标，编者在研究国际上第二语言教学的教材基础上，汲取了汉语教材设计的成功经验，融合任务式、活动型教学设计方法，并本着本地化定制的原则，遵循“交际、文化、触类旁通、文化比较和社区”五个 C 原则（Communication, Culture, Connection, Comparison and Community），针对中学生汉语学习的条件和特点，在话题、功能、语法、课文内容和练习形式等方面进行了有益的尝试。

教材构成

本系列教材共 18 本，供 6 学期使用，每学期 3 本，包括学生用书、练习册和教师用书，并配以 MP3 光盘和其他多媒体教学资源。本书为《体验汉语》初中教材学生用书 2B（第 4 册），由 12 课构成，并附有 3 个复习课。本书的参考授课学时为 50 ～ 60 学时。

编写特色

本书具有以下编写特点：

- 通过合理的教材设计，适合学生特点，控制学习难度，激发学生的学习兴趣；
- 听说领先，培养学生的实用交际能力；
- 融合中西文化，促进跨文化沟通与理解；
- 触类旁通，建立汉语能力与其他课程的关联；
- 重视培养学生学以致用、融入社区生活所需要的能力。

（一）话题

为了使教材的内容贴近学生真实生活，符合北美少年的学习和心理特征，采取了话题领先、结构配合的编写方式。以“我”为中心，由近及远，逐渐展开：从“我自己”到“我”的家庭、班级、学校，乃至社区、国家和世界等更大的范围，与结构结合形成每课的课文。

（二）课文

有的课文是围绕一个关键句式，进行多故事、多画面重现；有的课文是采取同一个故事、同一个句型结构用多个画面重现的方法。同时，课文对话短小、精练、典型，便于学生朗读和背诵；情节幽默，尽量使学生体验到汉语学习的乐趣；文化对比蕴含于课文中，使学生在学习过程中逐渐加深对中国文化的了解。

（三）词汇

每课的基本生词控制在 20 个左右。第二部分提供 5 ～ 10 个扩展词汇，这些扩展词汇在下一册课本里，原则上将作为基本词汇复现。汉字书写与认读分流，由易到难，让学生循序渐进地掌握汉字书写的规律。

（四）语法

突出句式与结构的复现和训练，但在学生用书中不直接介绍语法知识，在教师用书里列出语法点的必要解释和讲练建议，由教师根据情况灵活处理。

（五）活动

每课的教学活动包括热身、会话、听力、口语、语音、汉字、文化和社区等。活动形式有两人活动、小组活动、全班活动、角色扮演、小调查和小制作等。其中，口语活动分为双人活动和集体游戏；社区活动则是本教材的一个重要环节，旨在训练学习者在真实生活环境中运用汉语的能力。

（六）文化

“体验中国”环节用英、汉双语提供了简单有趣的中国文化知识，以加深学生对中国的了解，为进一步的跨文化沟通与交际打下基础。

（七）版式

本系列教材的封面和内页版式均融合了中西方的元素，生动活泼，图文并茂，总体风格现代而富有少年趣味，采用了绘图和照片等形式，使内容更加真实、生动。

鸣　谢

特别感谢中国教育部国际合作司和中国国家汉办给予的大力支持和指导。感谢周铭老师对本教材所做的英语审译工作。

最后，我们愿以这套教材与汉语学习者分享学习汉语的快乐，祝愿大家获得更丰富的体验、更成功的人生！

国际语言研究与发展中心

2009 年 2 月

Foreword

New term begins, come and take part in "Experiencing Chinese, Experiencing Happiness, Experiencing Success!"

Under the supervision of the Office of Chinese Language Council International (Hanban), *Experiencing Chinese* series are specially designed for junior middle school students in the North America by International Language Research and Development Center.

Intended users

Experiencing Chinese series, designed for junior middle school students with no previous knowledge of Chinese, can be used by students of grade 7 to grade 9 who choose Chinese as the second language, or Chinese learners aged 13 to 15, or any Chinese learners at around the same level.

Compiling principles

Providing materials from everyday life, *Experiencing Chinese* series endeavor to create a happy learning atmosphere and thus enhance students' language capability by showing rather than telling.

To achieve these objectives, we have consulted numerous textbooks that teach a second language. Absorbing the successful experience of designing Chinese textbooks and following the principle of five Cs (Communication, Culture, Connection, Comparison and Community), we take pains with the constitution of the series such as topics, functions, grammar, contents, exercises, etc, and finally render them as they are now.

Contents

Experiencing Chinese series consist of 18 textbooks for 6 terms, with 3 books for each term. The series include the student's book, the exercise book, and the teacher's book as well as MP3 CDs and other multimedia teaching materials. This book is Book 4 for junior middle school students, consisting of 12 lessons and 3 review lessons. Recommended time allocation for it is 50 to 60 hours.

Characteristics

- Be fit for students' characteristics, control the degree of difficulty and stimulate students' learning interest through reasonable textbook designing
- Developing practical communication skills with listening and speaking as priority tasks
- Promoting trans-cultural understanding
- Establishing a connection between language skills and other courses
- Cultivating the ability to blend in with the community

1. topic

This textbook aims to make the content close to students' real life and in accordance with Amerian youngsters' learning and psychological characteristics. Drawing materials from everyday life, this book gives priority to topics. It centers around "I" and gradually extends from "I myself" to "my" family, classes, school, community, country and even the world.

2. text

Some texts include several pictures and stories which center on one key sentence. Some texts include some pictures centering on one story and one sentence structure. Dialogues in the text are concise, typical, humorous, and easy to remember. The humorous plots make students experience the pleasure of learning Chinese. Cultural comparison is another major concern of the text, meant to enlarge students' knowledge of the Chinese culture.

3. vocabulary

Each text has about 20 new words. The second part provides 5–10 extended new words which will appear as basic vocabulary in the next book. Writing Chinese characters is a separate task, and students are expected to grasp the rules step by step.

4. grammar

Sentence structures are the major grammatical task. Grammar will not appear in the student's book. It will be included in the teacher's book instead. The teachers can decide how and what to teach.

5. activity

Teaching activities in each text include warm-up, dialogue, listening, speaking, pronunciation, Chinese characters, culture and community. They take the form of pair work, group work, class activity, role play, investigation, etc. Speaking can be exercised either by pair work or through group activity. Community work is a crucial part, intended as a means of enhancing students' ability to use Chinese in a live situation.

6. culture

The item "Experiencing China" provides bilingual introductions to some basic knowledge of the Chinese culture so that further trans-cultural communications can be possible.

7. format

The cover and format of *Experiencing Chinese* series contain both Chinese and Western elements. Vivid and lively descriptions as well as drawings, pictures and photos combine to render this series of books interest-kindling.

Acknowledgment

We should express our gratitude to International Cooperation Department of Ministry of Education of China and the Office of Chinese Language Council International (Hanban) for their generous support. Thanks also go to Mr. Zhou Ming for his proofreading of the English translation.

Experiencing Chinese series are a present of joy for Chinese learners. We hope your experiences in learning Chinese will finally lead to richer experiences in life.

International Language Research and Development Center

February, 2009

Contents

目 录

目录

目录

1

我真羡慕你

Wǒ zhēn xiànmù nǐ

Objectives
学习目标

- Learn to use affirmative and negative questions
  学会使用正反问句表示疑问
- Master the use of “是……的”
  进一步掌握“是……的”的用法
- Learn to use “对……（没）有兴趣”
  学会使用“对……（没）有兴趣”
- Learn to express opinions (approval or objection)
  学会表达意见（赞同或反对）

Ask yourself
问问你自己

- Where is your hometown?
  你的老家在哪儿？
- What is the climate like there?
  那儿的气候怎么样？
- Does it snow in winter? Can you make a snowman?
  那儿的冬天下雪吗？你会堆雪人吗？

Do you know how the following animals live in winter?

你知道下面这些动物如何过冬吗？看一看，说一说。

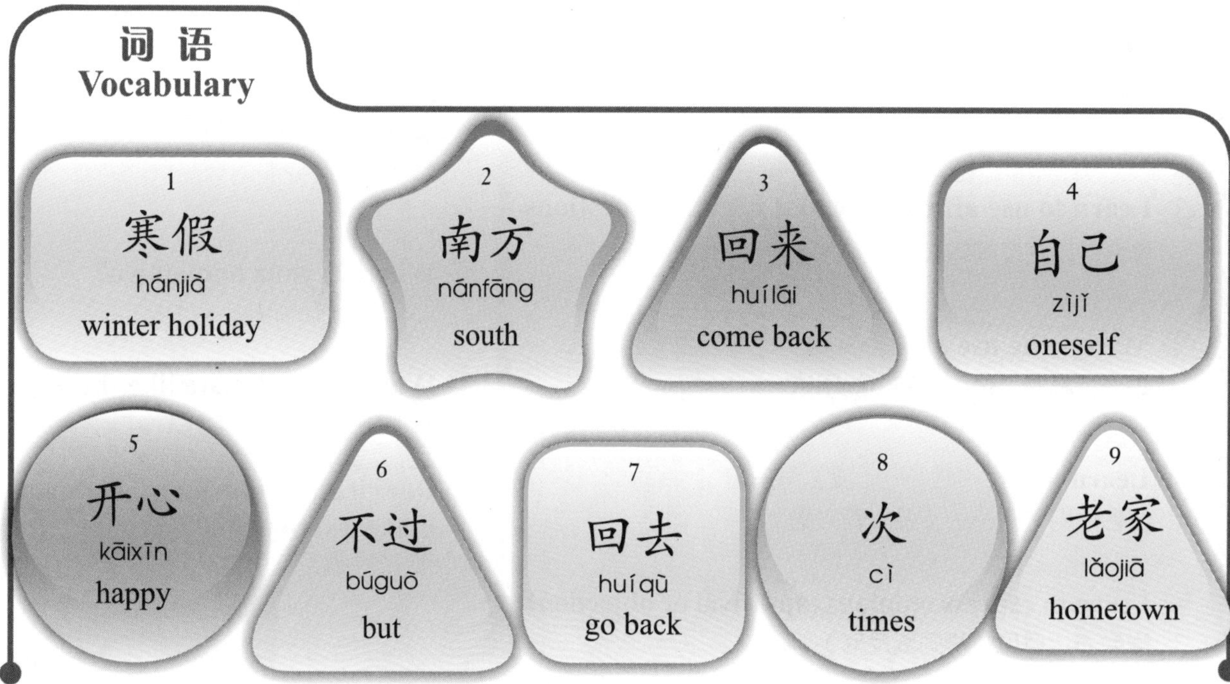

10 过年 guònián celebrate the new year	11 丹顶鹤 dāndǐnghè red-crowned crane	12 羡慕 xiànmù admire	13 亚洲 Yàzhōu Asia	
14 鸟类 niǎolèi birds	15 千 qiān thousand	16 每 měi every	17 北方 běifāng north	18 觉得 juéde feel
19 怀疑 huáiyí doubt	20 感觉 gǎnjué feeling	21 也许 yěxǔ perhaps	22 先 xiān first	23 走 zǒu go, leave

Dialogue.
对话。

马克：张 南，寒假过得怎么样？听说你到中国的南方去了。你是什么时候回来的？
Mǎkē: Zhāng Nán, hánjià guò de zěnmeyàng? Tīngshuō nǐ dào Zhōngguó de nánfāng qù le. Nǐ shì shénme shíhou huílái de?

张 南：我是前天回来的。
Zhāng Nán: Wǒ shì qiántiān huílái de.

马克：你是不是自己一个人去的？玩得开心吧？
Mǎkē: Nǐ shì bushì zìjǐ yí ge rén qù de? Wán de kāixīn ba?

Answer the following questions according to the dialogue.
根据课文回答问题。

1. 张南是和爸爸妈妈一起回家过年的吗？
2. 张南在老家看到了什么动物？
3. 现在这种动物多吗？在地球上一共(yígòng in total)有多少只？

张　南：开心极了！不过，我不是自己一个人回去的，是跟爸爸妈妈一起去的。这是我第一次回老家过年。马克，你对动物有没有兴趣？你知道吗？那儿有丹顶鹤！
Zhāng Nán: Kāixīn jí le! Búguò, wǒ búshì zìjǐ yí ge rén huíqù de, shì gēn bàba māma yìqǐ qù de. Zhè shì wǒ dìyī cì huí lǎojiā guònián. Mǎkè, nǐ duì dòngwù yǒu méiyǒu xìngqù? Nǐ zhīdào ma? Nàr yǒu dāndǐnghè!

马克：太棒了！我真羡慕你。我对亚洲的鸟类很有兴趣。你知道不知道？现在地球上的丹顶鹤只有两千多只了！它们每年秋季都从北方飞到南方。不过，听说你们老家的冬天有点儿冷，你觉得冷吗？
Mǎkè: Tài bàng le! Wǒ zhēn xiànmù nǐ. Wǒ duì Yàzhōu de niǎolèi hěn yǒu xìngqù. Nǐ zhīdào bù zhīdào? Xiànzài dìqiú shàng de dāndǐnghè zhǐyǒu liǎng qiān duō zhī le! Tāmen měinián qiūjì dōu cóng běifāng fēi dào nánfāng. Búguò, tīngshuō nǐmen lǎojiā de dōngtiān yǒudiǎnr lěng, nǐ juéde lěng ma?

张　南：没有啊。我觉得那儿的冬天很美，有时候还会下雪，我怀疑你没见过雪，那种感觉真是太棒了！
Zhāng Nán: Méiyǒu a. Wǒ juéde nàr de dōngtiān hěn měi, yǒu shíhou hái huì xià xuě, wǒ huáiyí nǐ méi jiàn guo xuě, nà zhǒng gǎnjué zhēnshi tài bàng le!

马克：也许你是对的，丹顶鹤可能跟你一样，喜欢那儿的冬天。对了，我有点儿事，先走了。再见！
Mǎkè: Yěxǔ nǐ shì duì de, dāndǐnghè kěnéng gēn nǐ yíyàng, xǐhuan nàr de dōngtiān. Duì le, wǒ yǒudiǎnr shì, xiān zǒu le. Zàijiàn!

张　南：明天见！
Zhāng Nán: Míngtiān jiàn!

Listen to the recording and choose the sentences with the closest meaning to what you hear.
听录音，选出和听到的内容意思相近的句子。

1. ☐ 马丽下星期要去电影院看电影。 ☐ 马丽对电影很有兴趣。
2. ☐ 汤姆觉得画画儿很有趣。 ☐ 汤姆现在是一名画家。
3. ☐ 大伟打篮球打得一般。 ☐ 大伟对运动挺有兴趣的。
4. ☐ 凯特觉得中国音乐很好听。 ☐ 凯特不喜欢中国音乐。
5. ☐ 李明对科学很有兴趣。 ☐ 李明不想做科学家。

Following the example, rewrite the sentences.
仿照例子，改写句子。

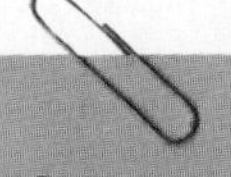

例 今天是你的生日吗？------> 今天是不是你的生日？

1. 这些帽子是中国制造(zhìzào make)的吗？------>
2. 你明天上午有汉语课吗？------>
3. 你喜欢用电脑玩游戏吗？------>
4. 寒假我们一起去中国过年，好吗？------>
5. 你们周末在公园玩得开心吗？------>

Work in pairs. Complete the following sentences according to the pictures.

两人一组，根据图片完成下面的句子。

1 A: 你是什么时候从中国回来的？

B: 我________（从中国）回来的。

2 A: 你的______是在哪儿买的？

B: 是______买的。

3 A: 你是在哪儿看见那辆(liàng a unit noun used together with vehicles)车的？

B: 我______________________看见（那辆车）的。

A: 你_________到邮局的？

B: 我是下午三点到那儿的。

4 A: 你是自己一个人去公园的吗？

B: 不，我__________去（公园）的。

A: 你们是几点去（公园）的？

B: 我们__________去（公园）的。

5 Answer the questions after reading.

读一读，回答问题。

1. 大伟的生日是哪一天？
2. 马丽想给大伟买什么礼物？
3. 小美和李明为什么不同意（tóngyì agree）马丽的主意？
4. 大家决定（juédìng decide）给大伟买什么礼物？为什么？

上一页 | 下一页 ◀1 2 3 4 5 6▶▶

[帖子主题 (zhǔtí theme)] 明天是大伟的生日，我们买什么礼物？

马丽

积分 1007
币 3
个人空间 发短消息
加为好友 当前离线

明天是大伟的生日，我们买什么礼物？

我想买一本故事书给他，《西游记》怎么样？

TIME: 2009-1-28 9:17:46 IP: 221.216.★.★

TOP

小美

积分 349007
币 2
个人空间 发短消息
加为好友 当前离线

我觉得不好。大伟已经有一本《西游记》了。他不觉得那本书有趣。

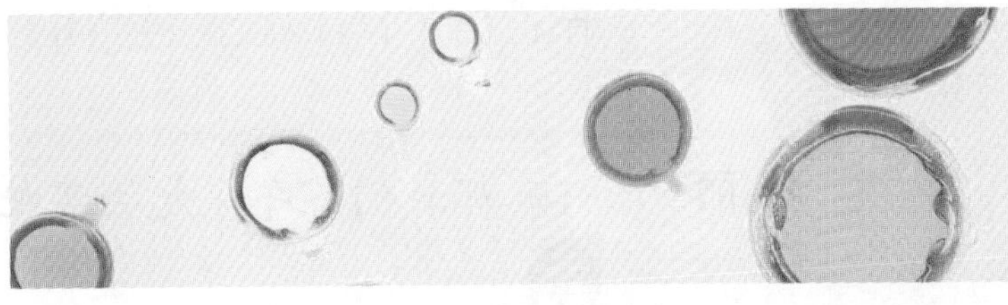

TIME: 2009-1-28 9:20:23 IP: 194.208.★.★

TOP

[帖子主题] 明天是大伟的生日，我们买什么礼物?

李明

是啊。大伟的朋友谢安喜欢讲故事。他一讲故事就讲《西游记》。大伟说他听了一百遍了。

TIME: 2009-1-28 9:22:15 IP: 66.104. *. *

TOP

贝克

积分 49
币 0
个人空间 发短消息
加为好友 当前离线

听说大伟对流行音乐挺有兴趣的。他很喜欢听王力宏的歌。我们买一张王力宏的新专辑吧!

TIME: 2009-1-28 9:27:14 IP: 222.105. *. *

TOP

李明 好主意(hǎo zhǔyi a good idea)! 他说过王力宏的歌最好听了。

TIME: 2009-1-28 9:31:46 IP: 66.104. *. *

小美 赞成（zànchéng approve）! 他应该会很喜欢这个礼物。

TIME: 2009-1-28 9:33:27 IP: 194.208. *. *

马丽 好。那我们下午一起去买吧!

TIME: 2009-1-28 9:34:04 IP: 221.216. *. *

6 **Class activity. Tell your hobbies and write them down on a card (please use at least 5 words to make up 3 to 4 sentences). All the cards are then collected, one student is asked to read each of them, and the rest guess whose hobby it is.**

全班活动。说说自己的爱好，然后在卡片上写下来（至少使用五个词语或结构，写三四句话）。把大家的卡片收集起来，请一名同学抽卡片读内容，大家猜一猜是谁的爱好。

7 **Mini debate. A school needs to build a library and a gymnasium, but only one can be built at first. The class is divided into two groups to debate on whether the school should first build the library or the gymnasium. The following phrases or sentences can be used in the debate.**

小辩论会。学校要建图书馆和体育馆，但是只能先建设一个场馆。先建图书馆好呢？还是先建体育馆好？参考下面的词语或句子，全班分两组进行辩论。

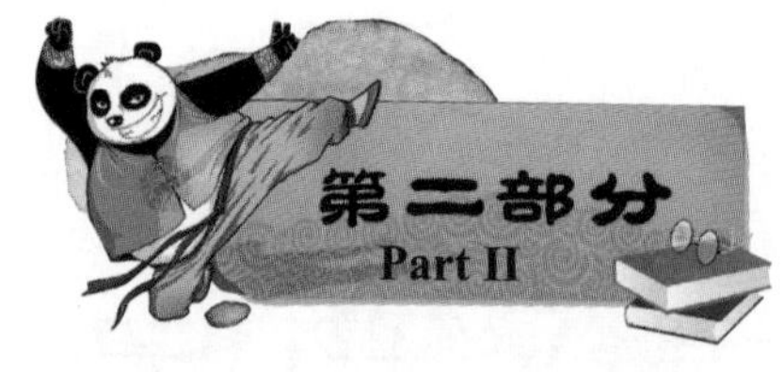

Look at the pictures and answer the questions.

读图，回答问题。

看看这些画面，哪些是中国人的动作，哪些不是？哪些动作跟你们国家的一样，哪些不一样？那些动作表达的意思对不对？你同意吗？如果不同意，请告诉大家你的意见。

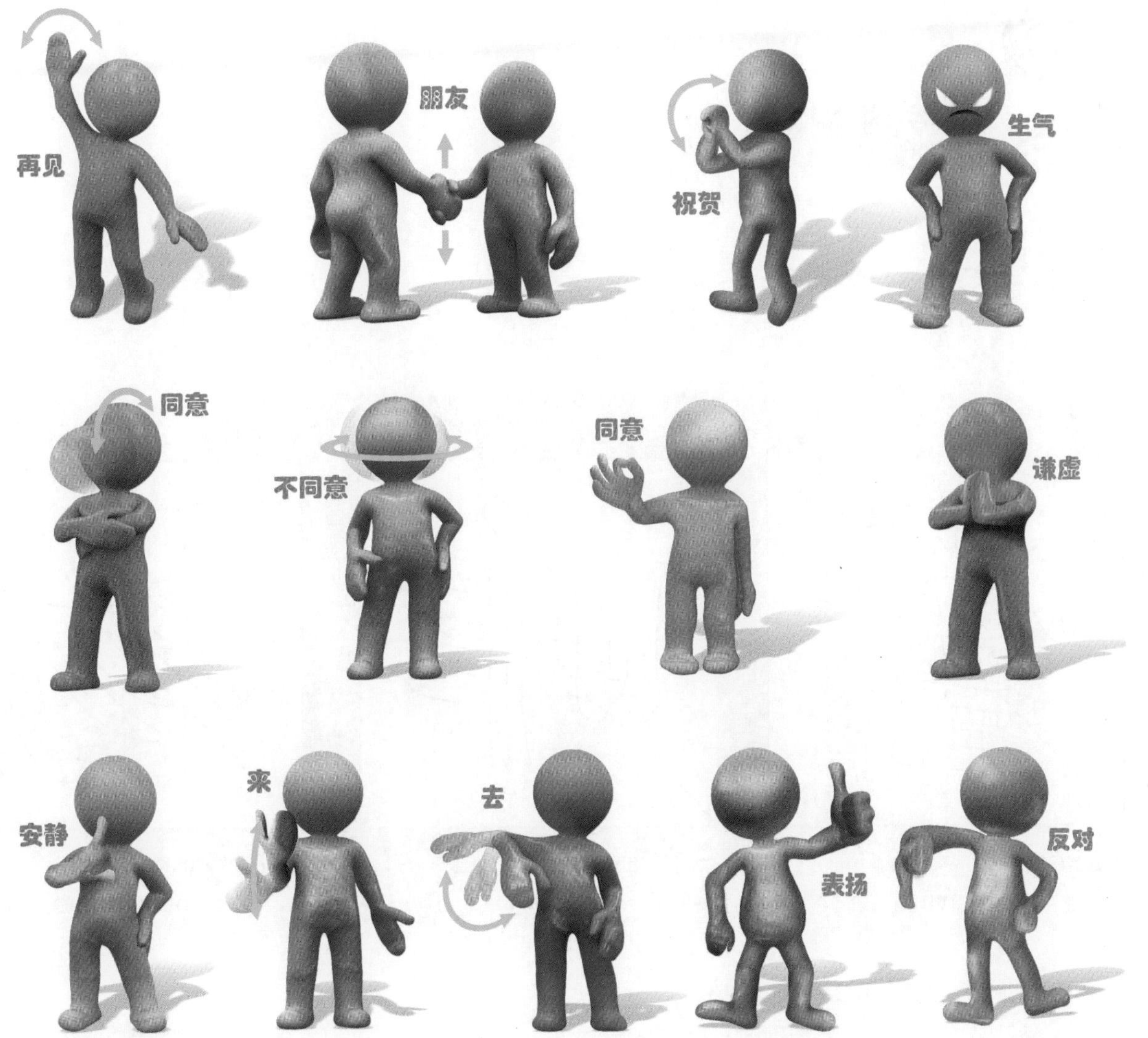

再见 朋友 祝贺 生气

同意 不同意 同意 谦虚

安静 来 去 表扬 反对

词语 Vocabulary

No.	词语	Pinyin	English
1	画面	huàmiàn	picture
2	动作	dòngzuò	motion
3	表达	biǎodá	express
4	意思	yìsi	meaning
5	同意	tóngyì	agree
6	告诉	gàosu	tell
7	祝贺	zhùhè	congratulate
8	谦虚	qiānxū	modesty
9	安静	ānjìng	quiet
10	表扬	biǎoyáng	praise
11	反对	fǎnduì	objection

Chinese characters.

汉字。

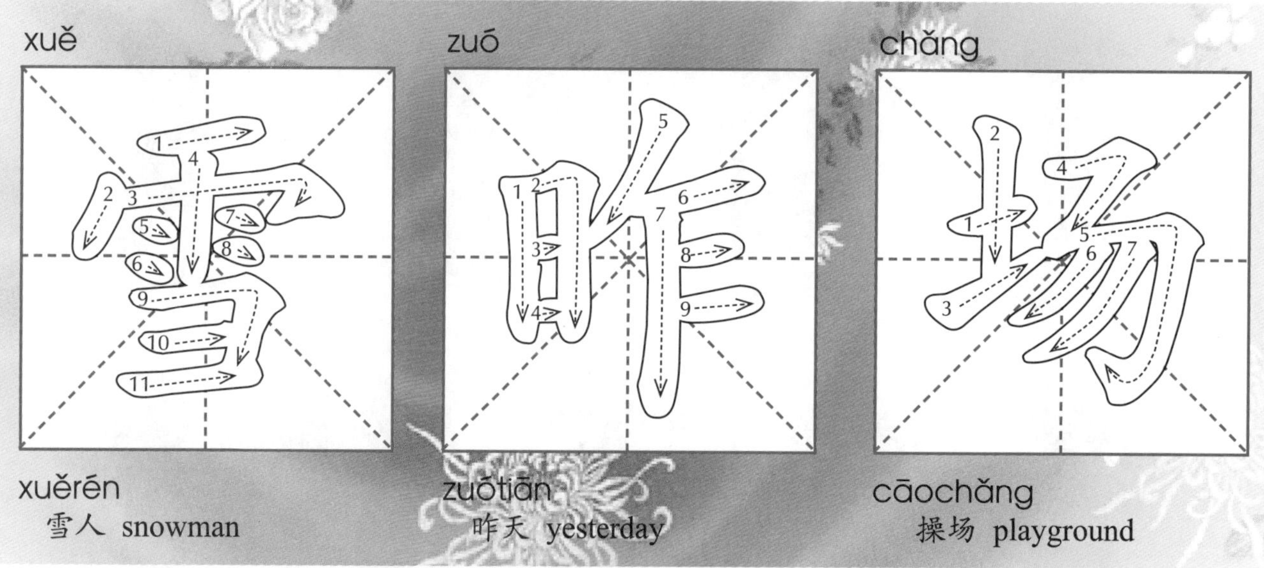

Radical learning.

部首课堂。

Radical 部首	Meaning 部首含义	Examples 例字
雨	Relating to rain and other weather. 和降水等天气现象有关。	xuě 雪　wù 雾　shuāng 霜
日	Relating to the sun or time. 和太阳或时间有关。	míng 明　shí 时　qíng 晴
土	Relating to the earth. 和土地有关。	dì 地　zhǐ 址　píng 坪

体验中国 Experiencing China

中国人去比较远的地方，常常坐火车。火车有很多种，用不同的字母表示，常见的有D（动力高速列车）、Z（直达特快列车）、T（特快列车）、K（快速列车）、Y（旅游列车）。车次前没有字母的，是普通列车。

Chinese people usually go to a distant place by train. There are many types of trains and they are identified by different letters. Among the frequently used are D (CRH trains), Z (through express trains), T (express trains), K (fast trains), Y (traveling trains). A train without a letter before its number is an ordinary one.

石家庄旅客列车时刻表

车次	列车运行区段	时刻		终到站时刻
		到	开	
K385	沈阳北—成都	7:53	8:01	12:15
4451	承德—石家庄	8:00		8:00
T10	重庆—北京西	8:23	8:25	10:54
2069	石家庄—安阳		8:30	12:42
T62	昆明—北京西	8:29	8:31	11:00
K280	十堰—北京西	8:14	8:37	12:53
6422	邯郸—石家庄	8:24		8:42
D573	北京西—石家庄	8:48		8:48

你们国家火车车次表示和中国一样吗？

Are the train numbers in your country marked in the same way as those in China?

汉语社区 Chinese community

- 羡慕谁？
  Who do you envy?
- 喜欢什么感觉？
  What feelings do you like most?
- 怀疑谁/什么？
  Who/what do you doubt?
- 反对谁/什么？
  Who/what do you object to?
- 同意什么意见？
  What opinion do you agree to?
- 表扬谁/什么？
  Who/what do you praise?

Know more about your family members. Communicate with your family members and friends and further know them.

知心一家人。跟家人或朋友交流交流，了解他们。

2

快递公司的电话号码是多少？

Kuàidì gōngsī de diànhuà hàomǎ shì duōshao?

Objectives
学习目标

- **Master the use of "……一下"**
  掌握"……一下"的用法
- **Learn to express telephone numbers and addresses**
  学会表达电话号码和地址
- **Learn to express doubt**
  学会表达怀疑

Ask yourself
问问你自己

- **What famous shopping websites do you know?**
  你知道哪些有名的购物网站？
- **Have you or your family members shopped online?**
  你或你的家人在网上买过东西吗？
- **What should we pay attention to when we shop online?**
  在网上买东西时要注意什么？

Here is a picture of the sitting room at Xiaowei's. Look for the items on the cards and tell items' numbers and locations.

下面是小伟家的客厅，找一找卡片上的东西在哪儿，说说它们的数量和位置。

洗衣机 xǐyījī

遥控器 yáokòngqì

餐巾纸 cānjīnzhǐ

冰箱 bīngxiāng

筷子 kuàizi

叉子 chāzi

勺子 sháozi

第一部分 Part I

词语 Vocabulary

1	2	3	4	5
老	快递公司	送货	都	包
lǎo	kuàidì gōngsī	sòng huò	dōu	bāo
old	delivery company	goods delivery	all	a unit noun used together with machines

6 餐巾纸 cānjīnzhǐ napkin

7 把 bǎ a unit noun used together with machines

8 叉子 chāzi fork

9 勺子 sháozi spoon

10 双 shuāng pair

11 筷子 kuàizi chopstick

12 遥控器 yáokòng qì remote control

13 客厅 kètīng living room

14 台 tái a unit noun used together with machines

15 号码 hàomǎ number

16 商场 shāngchǎng shopping center

17 职员 zhíyuán staff

18 洗衣机 xǐyījī washing machine

19 冰箱 bīngxiāng refrigerator

20 小区 xiǎoqū community

21 区 qū district

22 楼 lóu building

23 单元 dānyuán unit

1 **Dialogue.**
对话。

妈妈：老王，我前天在网上买了些东西，今天快递公司可能会送货。如果东西没有送到，你就打电话问一下。
māma: Lǎo Wáng, wǒ qiántiān zài wǎng shàng mǎi le xiē dōngxi, jīntiān kuàidì gōngsī kěnéng huì sòng huò. Rúguǒ dōngxi méiyǒu sòng dào, nǐ jiù dǎ diànhuà wèn yíxià.

Answer the following questions according to the dialogue.
根据课文回答问题。

1. 妈妈在网上买了哪些东西？
2. 商场职员应该把洗衣机和冰箱送到哪儿？

爸爸: 都 买了哪些东西?
bàba: Dōu mǎi le nǎxiē dōngxi?

妈妈: 五包餐巾纸、三把叉子、两把勺子、四双筷子, 还有一个遥控器, 是客厅那台电视的。
māma: Wǔ bāo cānjīnzhǐ, sān bǎ chāzi, liǎng bǎ sháozi, sì shuāng kuàizi, hái yǒu yí ge yáokòng qì, shì kètīng nà tái diànshì de.

爸爸: 快递公司的电话号码是多少?
bàba: Kuàidì gōngsī de diànhuà hàomǎ shì duōshao?

妈妈: 12345678, 手机是 12345678901。
māma: Yīèrsānsìwǔliùqībā, shǒujī shì yīèrsānsìwǔliùqībājiǔlíngyī.

商场职员: 您好, 我是送货的。您买了一台洗衣机和一台冰箱, 对吗?
shāngchǎng zhíyuán: Nín hǎo, wǒ shì sòng huò de. Nín mǎi le yì tái xǐyījī hé yì tái bīngxiāng, duì ma?

爸爸: 啊?!不对吧?
bàba: a?! Búduì ba?

商场职员: 您家是不是花园小区东区 18 楼 2 单元 401?
shāngchǎng zhíyuán: Nín jiā shì bushì Huāyuán Xiǎoqū dōng qū shíbā lóu èr dānyuán sìlíngyāo?

爸爸: 错了, 我家是西区 18 楼 2 单元 401! 你们是快递公司的?
bàba: Cuò le, wǒ jiā shì xī qū shíbā lóu èr dānyuán sìlíngyāo! Nǐmen shì kuàidì gōngsī de?

商场职员: 不是, 我们是商场送货的。
shāngchǎng zhíyuán: Bú shì, wǒmen shì shāngchǎng sòng huò de.

Listen to the recording and complete the following business cards.

听录音，完成下面的名片。

明光______

张京

地址 (dìzhǐ address)：

南市区学知 (Xuézhī) 路___号

电话：__________

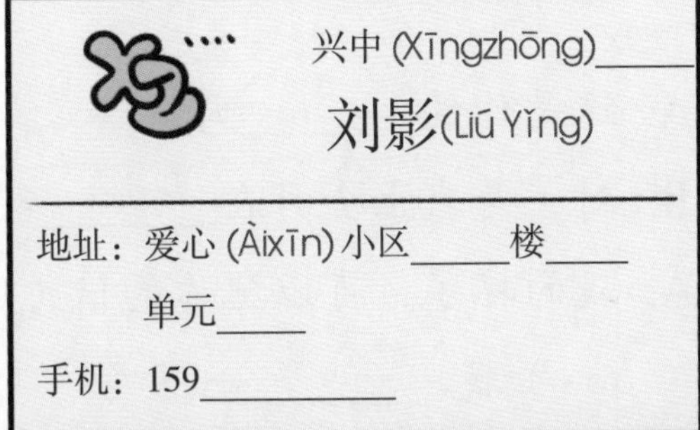

兴中 (Xīngzhōng)_____

刘影(Liú Yǐng)

地址：爱心 (Àixīn) 小区_____楼_____

单元_____

手机：159__________

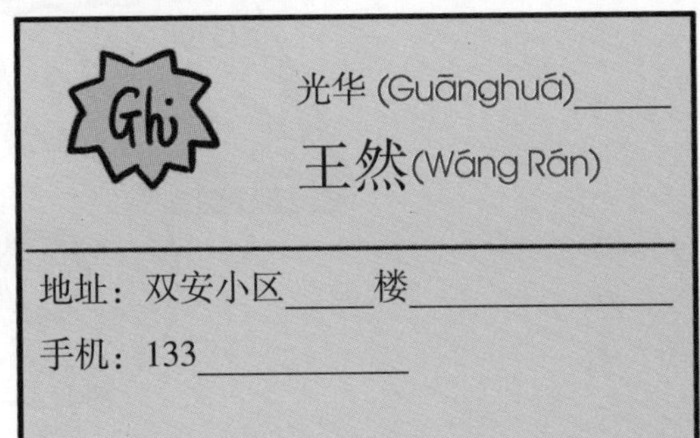

光华 (Guānghuá)_____

王然(Wáng Rán)

地址：双安小区_____楼__________

手机：133__________

北京 (Běijīng)_____

常娜(Cháng Nà)

地址：花园路_____号

电话：__________

手机：0812325638

Take a look and match.

看一看，连一连。

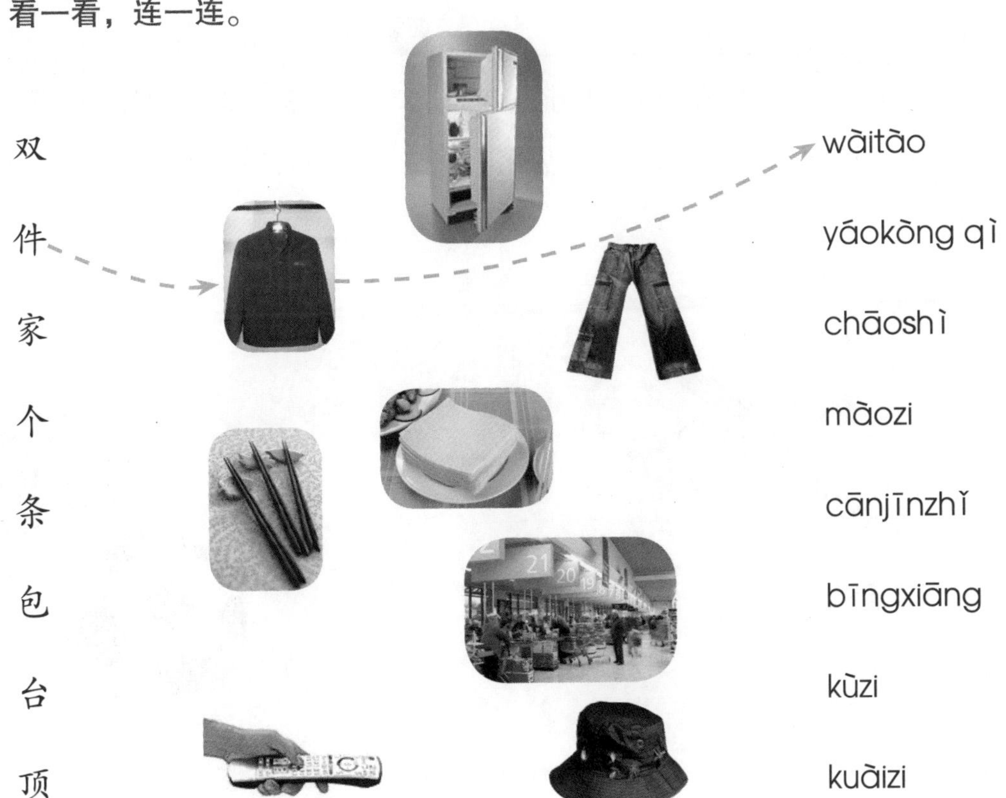

Work in pairs. Complete the following sentences according to the pictures.
两人一组，根据图片完成下面的句子。

1. A: 这是你的________吗?
   B: 对，是我上个月在________买的。
   A: 我的坏了，可以把你的借(jiè borrow)我________一下吗?
   B: 当然可以。

2. A: 你是________买的这张专辑?
   B: 星期一。这张专辑很不错(búcuò good)，你应该________一下。

3. A: 请问，____________________?
   B: 14237016，手机是12358976601。
   A: 请您说慢(màn slowly)一点儿，我________一下。

4. A: 小明，你是不是去玩棒球了?
   B: 不，我和朋友一起去________了。妈妈，我可以喝点儿可乐吗?
   A: 可以，不过要先把你的手______一下。

Fill in the blanks with the words and expressions provided in the box.
选词填空。

是……的	都	一下	个	和……一样
老	遍	不对啊	双	然后

欢欢______乐乐长得______，他们是双胞胎（shuāngbāotāi twins）。一天，妈妈对爸爸说："______李，我要去超市买两包餐巾纸和五______筷子。电视的遥控器坏了，我得（děi have to）去商场买一______新的。欢欢和乐乐今天该洗澡了，一会儿，你给他们洗______。"爸爸说："好。"

可是，妈妈回家看到欢欢和乐乐后，很生气。她问爸爸："你为什么只给欢欢洗了澡，没给乐乐洗？" 爸爸说："______！他们______洗过了！我______先给欢欢洗______，______给乐乐洗的！"妈妈听了哈哈笑："你给欢欢洗了两______，没给乐乐洗！"

6 **Listen to the recording and complete the following shopping order.**
听录音，完成下面的购物订单。

购物订单（dìngdān order）

商品名称（shāngpǐn míngchēng names of items）：HAR ______

数量（shùliàng quantity）：______

价格（jiàgé price）：______元

姓名（xìngmíng name）：张伟

送货方式（fāngshì means）：______

电话：______

手机：13145769815

地址：东兴小区____区____楼____单元____

7 **Group activity. Work in groups of 4–5 persons, make an address list of the class and find out which group finishes it the best and fastest.**

小组活动。4~5人一组，制作一个全班同学的通讯录，看看哪个小组的通讯录做得又快又好。

姓名	电话号码	地址

Look at the following post cards. Is the format the same as that in your country? Tell which are the same and which are not.

看看下面的明信片，格式和你们国家的明信片一样吗？说说看，哪些地方一样，哪些地方不一样？

中国邮政明信片

亲爱的妈妈：

您好！

我在上海玩得非常开心！这里真是太棒了！

此致

敬礼！

中国北京市

西城区德外大街4号

高等教育出版社

张京美

词语 Vocabulary

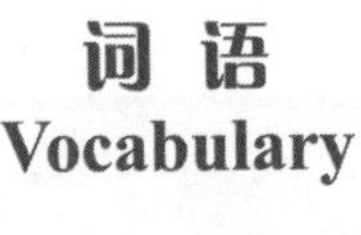

1 中国 Zhōngguó China

2 市 shì city

3 街 jiē street

4 亲爱的 qīn'àide dear

5 非常 fēicháng very

6 此致 cǐzhì with greetings

7 敬礼 jìnglǐ salute

Chinese characters.
汉字。

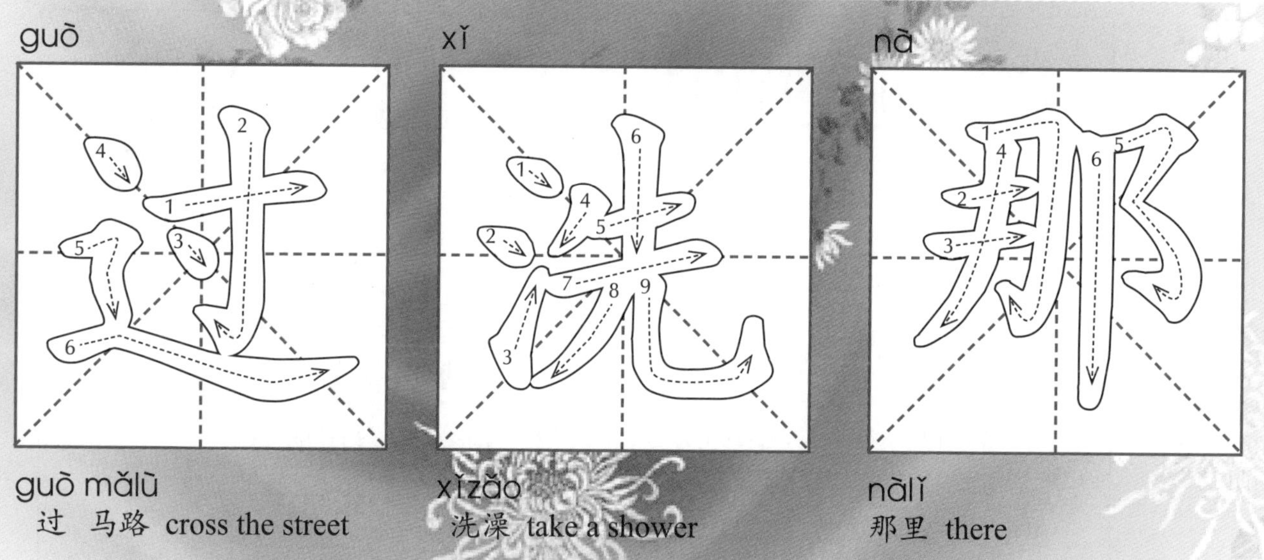

Radical learning.
部首课堂。

Radical 部首	Meaning 部首含义	Examples 例字
辶	Relating to walking or roads. 和走或者路有关。	guò 过　yuǎn 远　sòng 送
氵	Relating to water. 和水有关。	xǐ 洗　zhī 汁　yóu 游
阝	"阝" on the right relating to cities or districts. 右"阝"和城市或者地区有关。	nà 那　yóu 邮　jiāo 郊

体验中国
Experiencing China

访问中国国内的网站，你常常可以看到“.cn”的后缀，cn代表中国，cn 前面还会有一些国际通用后缀来表示网站的类型，如.com（商业机构），.net （网络服务机构），.gov（政府机构），.edu（教育机构）。

Visiting domestic websites in China, you will often see the suffix of .cn, which indicates China. The internationally universal suffixes can also be found before cn to indicate the types of websites, such as .com (business) , .net (network service), .gov (government agency), and .edu (educational institution).

你知道下面的网络域名代表什么吗？
Do you know what the network domain names indicate in the following?
http: //www. gov. cn
http: //www. hanban. edu. cn

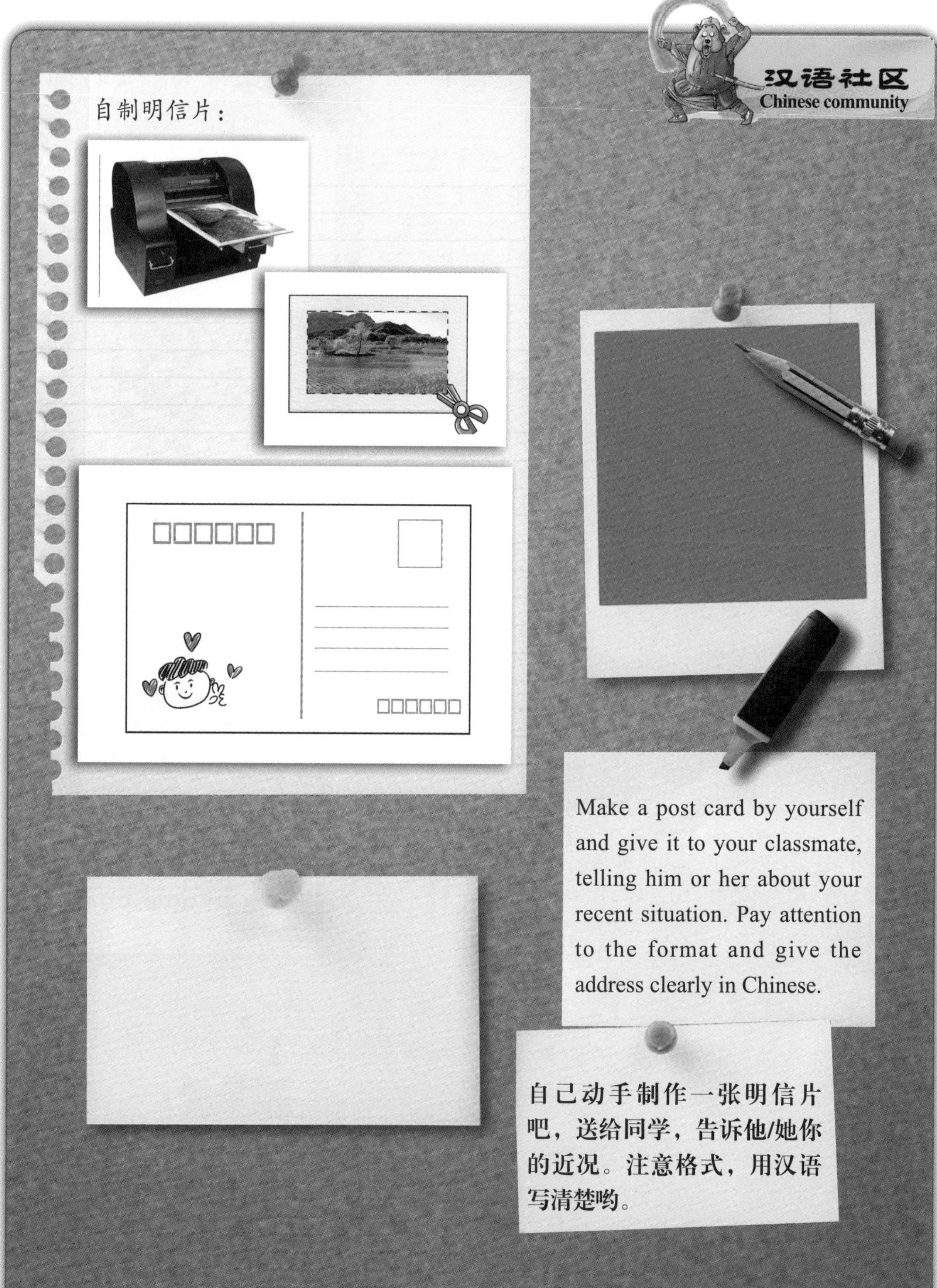

Make a post card by yourself and give it to your classmate, telling him or her about your recent situation. Pay attention to the format and give the address clearly in Chinese.

自己动手制作一张明信片吧，送给同学，告诉他/她你的近况。注意格式，用汉语写清楚哟。

跳起来，再跳一下

Tiào qǐlái, zài tiào yíxià

Objectives
学习目标

- **Learn to use "不然的话……" as a warning in appropriate situations**
  学会在合适的场合用"不然的话……"表达警告
- **Learn to use "百、千、万" and "亿" to express numbers**
  学会用"百、千、万、亿"表达数字

Ask yourself
问问你自己

- **Do you like the PE class?**
  你喜欢上体育课吗?
- **How many PE classes do you have in a week?**
  你们一个星期有几节体育课?
- **What preparation should be finished before sports in the PE class?**
  在体育课上，运动前应该做哪些准备?

Take a look and tell what sports they are. What movements do these sports require? Have a try.
看看这是什么运动？这种运动需要做哪些动作？试着做一做。

抬起胳膊 tái qǐ gēbo
raise your arms

放下胳膊 fàng xià gēbo
put down your arms

蹲下 dūnxià
squat

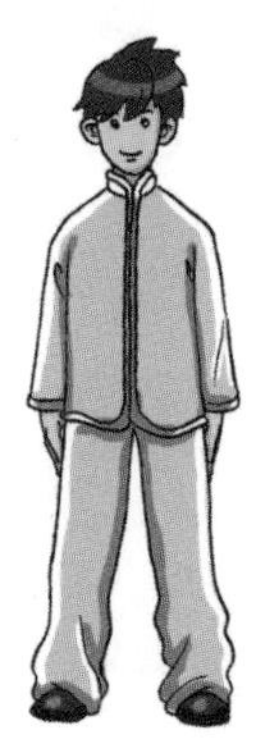
起来 qǐlái
stand up

抬起腿 tái qǐ tuǐ
raise your leg

放下腿 fàng xià tuǐ
put down your leg

词语 Vocabulary

1 蹲 dūn squat

2 起来 qǐlái stand up

3 慢慢地 mànmàn de slowly

4 抬 tái raise

5
胳膊
gēbo
arm
6
轻轻地
qīng qīng de
softly
7
腿
tuǐ
leg
8
跳
tiào
jump
9
再
zài
again
10
热身
rèshēn
warm-up
11
不然的话
bùrán de huà
otherwise
12
受伤
shòushāng
hurt
13
明白
míngbai
understand
14
翻
fān
turn over
15
页
yè
page
16
亿
yì
hundred million
17
百
bǎi
hundred
18
万
wàn
ten thousand
19
城市
chéngshì
city
20
数字
shùzì
number
21
叫做
jiàozuò
be called
22
阿拉伯
Ālābó
Arab
23
发明
fāmíng
invent

Dialogue.
对话。

> **Answer the following questions according to the dialogue.**
> 根据课文回答问题。
>
> 1. 运动前应该先做什么？为什么？
> 2. 阿拉伯数字是阿拉伯人发明的吗？为什么叫阿拉伯数字？

张老师：同学们，请把球放到地上，跟我一起做：蹲下，起来，慢慢地抬起胳膊，轻轻地放下胳膊，慢慢地抬起腿，轻轻地放下腿，跳一下，再跳一下。好！运动前，应该先热身，不然的话，可能会受伤。
Zhāng lǎoshī: Tóngxué men, qǐng bǎ qiú fàng dào dì shang, gēn wǒ yìqǐ zuò: Dūn xià, qǐlái, mànmàn de tái qǐ gēbo, qīng qīng de fàng xià gēbo, mànmàn de tái qǐ tuǐ, qīng qīng de fàng xià tuǐ, tiào yíxià, zài tiào yíxià. Hǎo! Yùndòng qián, yīnggāi xiān rèshēn, bùrán de huà, kěnéng huì shòushāng.

张南：我明白了。汉语课本上也有很多"热身"，所以我们学习的时候就不会"受伤"了。
Zhāng Nán: Wǒ míngbai le. Hànyǔ kèběn shàng yě yǒu hěn duō "Rèshēn", suǒyǐ wǒmen xuéxí de shíhou jiù bú huì "shòushāng" le.

李老师：请把书翻到第9页。大家看到没有？中国有十三亿人，北京有一千六百多万人，中国有六百多个城市。
Lǐ lǎoshī: Qǐng bǎ shū fān dào dì jiǔ yè. Dàjiā kàn dào méiyǒu? Zhōngguó yǒu shísān yì rén, Běijīng yǒu yīqiān liùbǎi duō wàn rén, Zhōngguó yǒu liùbǎi duō ge chéngshì.

汤姆：老师，中国人写数字跟我们不一样吗？
Tāngmǔ: Lǎoshī, Zhōngguórén xiě shùzì gēn wǒmen bù yíyàng ma?

李老师：中国人写数字跟我们是一样的，就是"0、1、2……"。他们把这些数字叫做阿拉伯数字。不过，
Lǐ lǎoshī: Zhōngguórén xiě shùzì gēn wǒmen shì yíyàng de, jiùshì "líng, yī, èr...". Tāmen bǎ zhèxiē shùzì jiàozuò Ālābó shùzì. Búguò,

中国人也有他们自己的数字。
Zhōngguórén yě yǒu tāmen zìjǐ de shùzì.

马丽：为什么叫做阿拉伯数字呢？
Mǎlì: Wèi shénme jiàozuò Ālābó shùzì ne?

这些数字是阿拉伯人发明的吗？
Zhèxiē shùzì shì Ālābórén fāmíng de ma?

Listen to the recording and circle the correct numbers.
听录音，圈一圈。

1. 4 624　　　1 620
2. 13 760　　　137 600
3. 3亿　　　674万
4. 300万华裔　　　240万人
5. 66亿　　　6.6亿

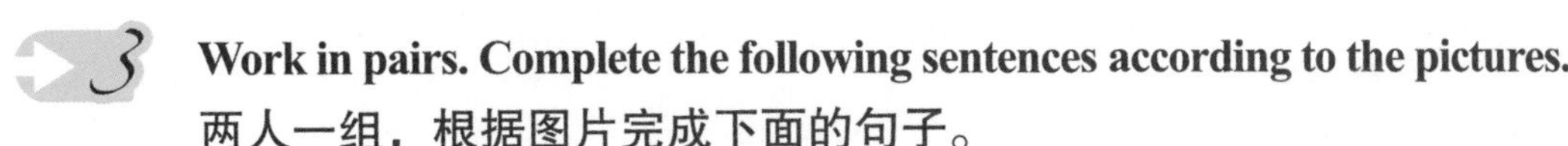

3 Work in pairs. Complete the following sentences according to the pictures.
两人一组，根据图片完成下面的句子。

1. 你不应该＿＿＿＿＿＿，不然的话，＿＿＿＿＿＿＿＿＿＿＿＿。

2. 你应该＿＿＿＿，不然的话，＿＿＿＿＿＿＿＿＿＿＿＿。

3 你不应该一边______一边______，______，____________。

4 你应该少吃糖（tāng candy），还要__________，__________，_________________________。

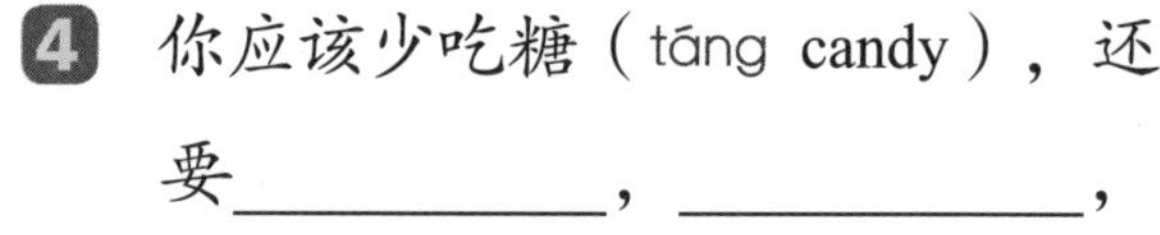

4 Listen to the recording and fill in the blanks.

听录音，填空。

我叫壮壮，今年______。我是______人，出生在北京。北京在中国的______。那里的夏天很热，冬天______。北京有______人，是中国的______。我______北京，因为那里有很多_______，还有很多_______。

5 Group activity. Work in a group of 4–5 persons, follow the passage above and take turns to talk about your hometown or favorite city.

小组活动。4~5人一组，仿照上面的短文，轮流说说自己的家乡或者喜欢的城市。

6 **Class game. Work in groups of 4–5 persons and one student is selected from each group to participate in the game. After hearing the order, each participant performs the opposite gesture. If he or she is wrong, another person from the same group will replace him or her. Let's see which group makes the least mistakes.**
全班游戏。4~5人一组，每组派一名同学参加。听到下面的口令，立刻做出相反的动作。做错了换小组下一名同学。看哪组错得最少。

抬起胳膊 ←→ 放下胳膊
拍手 ←→ 跺脚
抬起腿 ←→ 放下腿
蹲下 ←→ 起来
向前走 ←→ 向后走
举左手 ←→ 举右手

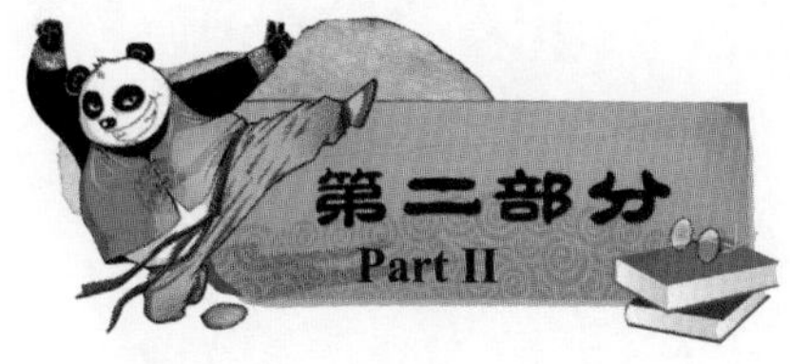

Read the following passage and tell whether the following sentences are true or false.
读一读下面的文章，判断文章后句子的正误。

同学们，大家好！我叫艾伦，是一名初中生。我是美国人，我家住在美国纽约郊区的大海边，家里有5口人，爸爸、妈妈、姐姐、弟弟和我。对了，还有一只猫，我们都很喜欢它。

我是属狗的。我的星座是双鱼座。我的性格比较活泼，喜欢说话，喜欢笑，大家都说我笑得很好看。

我是前年开始学习汉语的，已经学了一年多了。汉字很难写，不过我已经学了三百个汉字了。可是，我说得不好。我还要更多地说汉语。我要参加今年夏天的汉语比赛，然后去北京参加夏令营活动。那儿的夏天跟我们这儿一样热，所以，我会喜欢北京的。

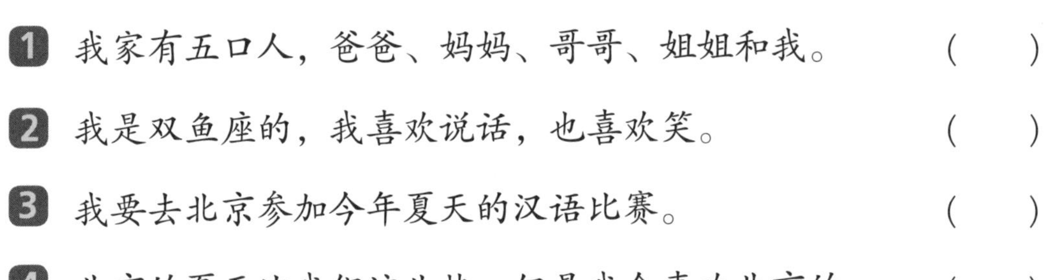

1. 我家有五口人，爸爸、妈妈、哥哥、姐姐和我。 (　　)
2. 我是双鱼座的，我喜欢说话，也喜欢笑。 (　　)
3. 我要去北京参加今年夏天的汉语比赛。 (　　)
4. 北京的夏天比我们这儿热，但是我会喜欢北京的。 (　　)

词语 Vocabulary

1. 艾伦 Àilún Allen
2. 郊区 jiāoqū suburb
3. 口 kǒu mouth
4. 属 shǔ be, belong to
5. 星座 xīngzuò constellation
6. 双鱼座 shuāngyúzuò Pisces
7. 比较 bǐjiào comparatively
8. 前年 qiánnián the year before last
9. 开始 kāishǐ start
10. 汉字 Hànzì Chinese character
11. 参加 cānjiā participate in

Chinese characters.
汉字。

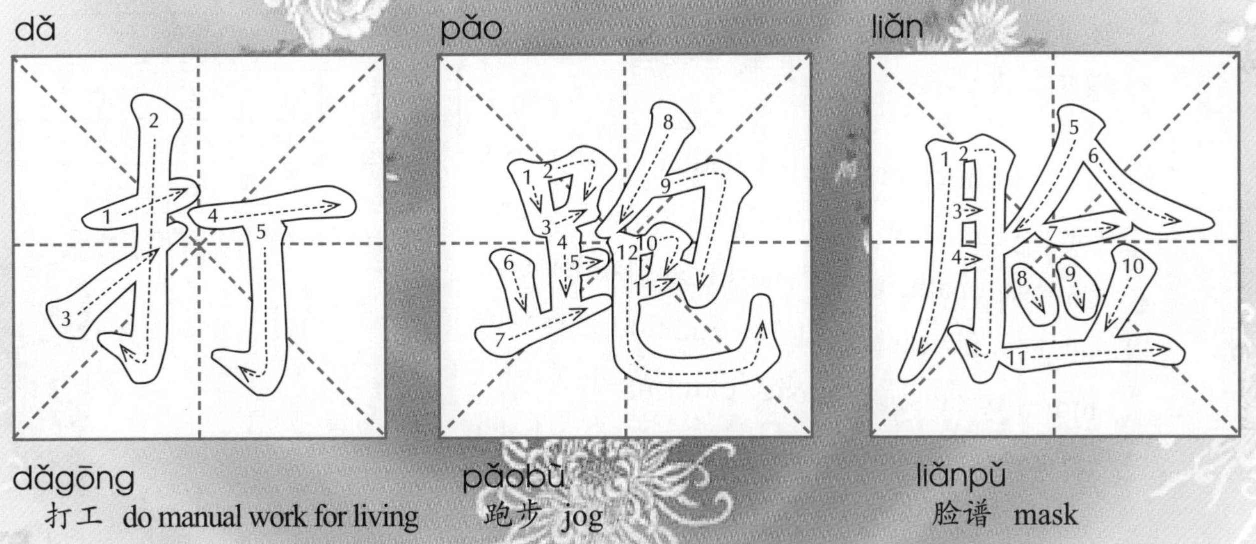

Radical learning.
部首课堂。

Radical 部 首	Meaning 部首含义	Examples 例 字
扌	Relating to hands and their movements. 和手及其动作有关。	dǎ 打　pāi 拍　tái 抬
足	Relating to feet and their movements. 和脚及其动作有关。	pǎo 跑　tī 踢　tiào 跳
月	Relating to body parts. 和身体部位有关。	liǎn 脸　jiǎo 脚　tuǐ 腿

现在在中国，小学一般是六年，初中三年。语文、数学、思想品德、音乐、美术和体育是每个年级的必修课，小学三年级开始上英语课和手工课。到了初中，又增加了历史、地理、生物、物理、化学等课程。

In China, primary education usually lasts for 6 years and junior high school 3 years. Chinese, mathematics and PE are compulsory subjects for each grade. In addition, there are morality classes, music, painting and other art classes. English and science classes begin on Grade 3 in primary school. In junior high school, more subjects are added, including history, geography, biology, physics, chemistry, etc.

※	星期一	星期二	星期三	星期四	星期五
一	数学	语文	语文	英语	数学
二	英语	英语	数学	语文	语文
三	语文	数学	兴趣3	语文	英语
四	社会	美术	体育与保健	音乐	自然
五	体育与保健	信息科技	探究	校本课程	社会
六		信息科技	音乐	自然	班队
七		体育与保健	兴趣1	兴趣3	美术

你们国家的小学和中学都有什么课？
What subjects are taught in primary and middle schools in your country?

汉语社区
Chinese community

Conduct a survey to find out which students are of the same year animals and constellation and whether they share the same characteristics.

调查一下班级里哪些同学的属相和星座是完全相同的，他/她们有什么共同的性格特点吗？

4

今天没有周一堵

Jīntiān méiyǒu zhōu yī dǔ

Objectives
学习目标

- **Master the use of comparison sentences**
  进一步掌握比较句的用法
- **Learn to express feelings of vexation and no choice**
  学会表达着急和无奈
- **Master the usual measurement units of "公斤、斤、两、千克、克" and "公里"**
  掌握常用的计量单位"公斤、斤、两、千克、克、公里"

Ask yourself
问问你自己

- **What is the traffic like in your city? Are there often traffic jams?**
  你所在的城市交通状况怎么样？经常堵车吗？
- **In which period of time is there likely to be a traffic jam in a day?**
  哪个时间段容易出现堵车现象？
- **What are the causes of traffic jams?**
  堵车的原因有哪些？
- **What methods can be used to better the traffic?**
  有哪些办法可以缓解交通拥堵的状况？

Take a look. What taste do the following things remind you of?
看一看，下面这些东西会让你想起哪些味道？

苦	酸	辣	甜	咸
kǔ	suān	là	tián	xián
bitter	sour	spicy	sweet	salty

词语 Vocabulary

1. 急死人 jí sǐ rén vexing
2. 堵 dǔ jam
3. 分钟 fēn zhōng minute
4. 公里 gōnglǐ kilometer
5. 怎么办 zěnme bàn what can be done
6. 平时 píngshí in daily life
7. 高速路 gāosù lù highway
8. 停车场 tíngchē chǎng parking lot
9. 别的 bié de other

1 Dialogue.
对话。

马华：真急死人了！太堵了！40 分钟才走了20 公里！爸爸，怎么办呢？什么时候才能到啊？

Mǎ Huá: Zhēn jí sǐ rén le! Tài dǔ le! Sìshí fēn zhōng cái zǒu le èrshí gōnglǐ! Bàba, zěnme bàn ne? Shénme shíhou cáinéng dào a?

爸爸：有什么办法呢？今天是周末，比平时堵得多。

bàba: Yǒu shénme bànfǎ ne? Jīntiān shì zhōumò, bǐ píngshí dǔ de duō.

妈妈：不过，今天没有周一堵，周一的高速路就像停车场一样！

māma: Búguò, jīntiān méiyǒu zhōu yī dǔ, zhōu yī de gāosù lù jiù xiàng tíngchē chǎng yíyàng!

Answer the following questions according to the dialogue.
根据课文回答问题。

1. 马华为什么说“真急死人了”？
2. 她喜欢吃辣的中国菜吗？

爸爸：请问，这 种 鞋还有 别 的号 吗？我女儿喜欢白色的。
bàba: Qǐngwèn, zhè zhǒng xié hái yǒu bié de hào ma? Wǒ nǚ'ér xǐhuan báisè de.

售货员：她 穿 多大号的？还有一 双，比这 双 鞋 大一些，不过，只有一 双 了。
shòuhuòyuán: Tā chuān duō dà hào de? Hái yǒu yì shuāng, bǐ zhè shuāng xié dà yìxiē, búguò, zhǐyǒu yì shuāng le.

妈妈：那，打折吗？
māma: Nà, dǎzhé ma?

售货员：打折，85 折。
shòuhuòyuán: Dǎzhé, bāwǔ zhé.

妈妈：服务员，请问 这菜辣吗？我女儿不 能 吃辣的。
māma: Fúwùyuán, qǐngwèn zhè cài là ma? Wǒ nǚ'ér bù néng chī là de.

服务员：这 道菜 也是 川菜，跟那道 菜 一样辣。
fúwùyuán: Zhè dào cài yě shì Chuāncài, gēn nà dào cài yíyàng là.

马 华：那 我们 换 一 道 菜吧。辣的 东西 我都 不喜欢。
Mǎ Huá: Nà wǒmen huàn yí dào cài ba. Là de dōngxi wǒ dōu bù xǐhuan.

爸爸：不一定哟，辣妹组合你就很 喜欢 嘛。
bàba: Bù yídìng yo, là mèi zǔhé nǐ jiù hěn xǐhuan ma.

Listen to the recording and match.
听录音，连一连。

李明	大山	汤姆	小伟
Lǐ Míng	Dàshān	Tāngmǔ	Xiǎowěi

Work in pairs. Complete the following sentences according to the pictures.
两人一组，根据图片完成下面的句子。

1 妹妹的______没有______。

2 ______比______得多。

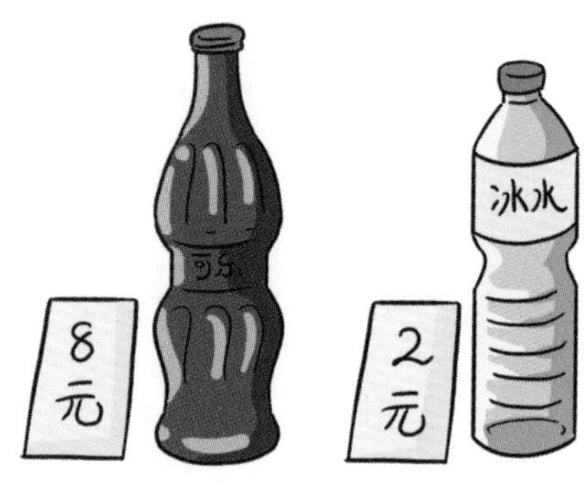

3 这____菜比______________。

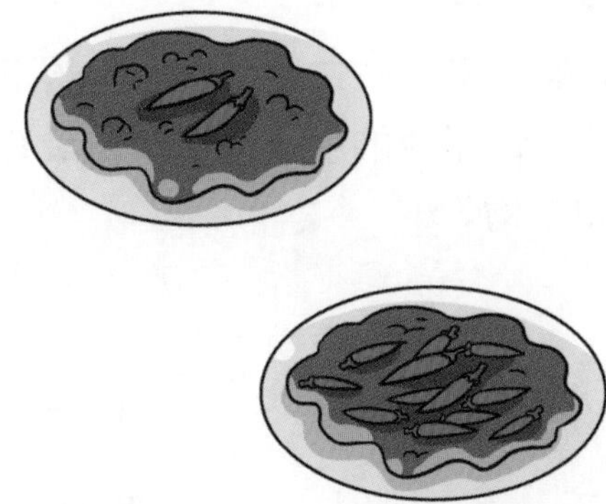

4 小美和小丽是双胞胎。但是，小美的______________比小丽______________。小美的帽子________________。小丽的书__________________。

Order the following sentences in order to make up a dialogue by giving numbers in front of each sentence and role-play the dialogue.

把下面的句子组成对话，并和同伴表演一下。

(　　) 噢，160元。有比这件大一些的吗？我想要一件黑色的。

(　　) 对，明天是中秋节，打8折。

(　　) 你好！这件衣服多少钱？

(　　) 好，那我就要这件了。

(　　) 有大一号的。但是，现在只有这种蓝色的了。

(　　) 200元。

(　　) 现在打折吗？

5 **Group activity: Tell a story. Work in groups of 5–6 persons, one writes a sentence after the following sentence and the rest continue to provide sentences until a story is made up. Read the stories and pick the most interesting one to read to the whole class. Try to use the following words and structures.**

小组活动。写故事。5~6人一组，接着下面的句子写一句话，然后交给下一个同学。继续写句子，直至完成一个小故事。读一读手中的小故事，选出最有趣的一个，讲给全班同学听。尽量使用下面的词和结构。

怎么办	坏	分钟	平时
打折	菜	不一定	生气
像……一样	别的	没有……（大、贵）	
一……就	先……然后	可能	忘
奇怪	挺……的		

真急死人了！ ______________________

____

____

____

____

____

____

Read the following passage and answer the questions.
阅读下面的文章，回答问题。

在中国，人们称东西时一般用“斤”或“公斤”表示重量。1公斤就是1千克，1公斤是2斤，1斤是10两。那么，1两是多少克呢？

看上面的图，1.5公斤树叶跟1500克木头比，哪个重？

再看下面这张图，宇航员比牙膏大得多，可是他们的重量好像是一样的！

词语 Vocabulary

No.	词语	Pinyin	English
1	称	chēng	weigh
2	公斤	gōngjīn	kilogram
3	克	kè	gram
4	斤	jīn	a unit of weight
5	两	liǎng	a unit of weight
6	树叶	shù yè	leave
7	木头	mùtou	wood
8	宇航员	yǔhángyuán	astronaut
9	牙膏	yágāo	toothpaste

Chinese characters.
汉字。

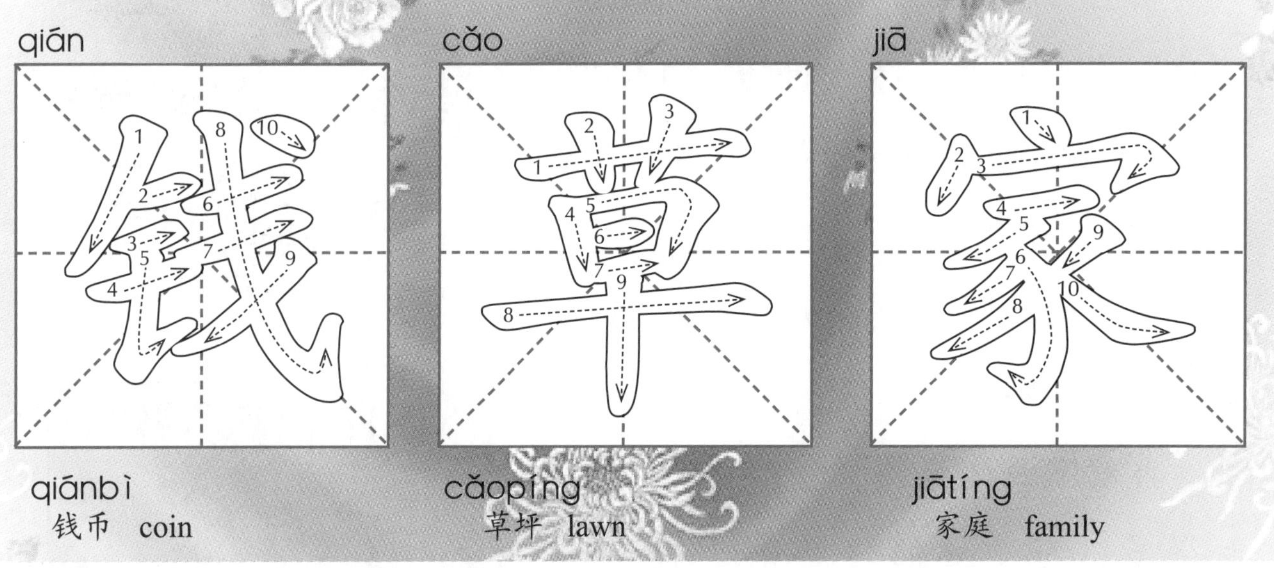

Radical learning.
部首课堂。

Radical 部首	Meaning 部首含义	Examples 例字
钅	Relating to metal. 和金属有关。	qián 钱 líng 铃 zhōng 钟
艹	Relating to plants. 和草本植物有关。	cǎo 草 huā 花 cài 菜
宀	Relating to roofs. 和屋顶有关。	jiā 家 ān 安 shì 室

体验中国
Experiencing China

中国菜在世界上很有名，不同的地方菜也不一样。你知道中国有哪些有名的地方菜吗？

四川菜系（川菜）：主要有麻辣、鱼香、家常等味道。比如，麻婆豆腐、鱼香肉丝、宫保鸡丁……

广东菜系（粤菜）：用的材料种类比较多，味道比较鲜嫩。比如，咕噜肉、脆皮乳猪、冬瓜盅……

山东菜系（鲁菜）：注重实惠，善用姜葱。比如，糖醋鱼、葱爆羊肉……

江苏菜系（苏菜）：制作精细，讲究原汁原味。比如，狮子头、松鼠桂鱼、盐水鸭……

Chinese dishes are well-known all over the world and they vary from place to place. Do you know what local dishes are famous in China?

Sichuan Cuisine: known for its spicy, Yu-xiang (sautéed with spicy garlic sauce) and home styles. Among the famous dishes are Mapo Bean Curd (braised in chili sauce), Shredded Pork with garlic sauce, and KungPao Chicken.

Guangdong Cuisine: known for its use of materials of many types and fresh and tender taste. Among the famous dishes are Sweet and Sour Pork, Crispy BBQ Suckling Pig and White Gourd Bowl.

Shandong Cuisine: known for its good use of shallot and ginger and cost-efficiency. Among the famous dishes are Sweet and Sour Fish and Sautéed Mutton with Scallion.

Jiangsu Cuisine: known for its delicacy and emphasis on original juice and taste. Among the famous dishes are Lion's Head Meatballs, Sweet and Sour Mandarin Fish, and Boiled Duck with Salt.

你家附近有中国餐馆吗？你吃过哪些中国菜？

Is there any Chinese restaurant near your house? Have you ever tasted Chinese dishes?

你最喜欢的中国菜是什么？通过上网或到图书馆，找一道中国菜的菜谱，看看做这道菜需要哪些材料，有哪些步骤？

What is your favorite Chinese dish? Look for the recipe of a Chinese dish on the Internet or in the library and find out what materials are required and what steps will be followed for such a dish.

菜名 (càimíng name of the dish)：___

______

______

材料：______

步骤：______

______

Be a chef, and make a delicious dish for your parents!

当一回小厨师，为你的爸爸妈妈做一道可口的菜吧！

1 Circle and write.

圈一圈，写一写。

前	告	年	号	码	快	叉
怀	诉	打	折	疑	勺	子
怎	么	办	遥	递	觉	筷
受	控	服	伤	明	得	公
郊	司	务	客	白	厅	开
箱	区	员	自	已	起	始
城	市	器	冰	祝	贺	来

juéde 觉得 ____

ch_ngshì ____

g_osu ____

m_ngb_i ____

h_om_ ____

k_ish_ ____

zh_h_ ____

z_j_ ____

sh_ozi ____

d_zh_ ____

f_w_yu_n ____

z_nmeb_n ____

2 Complete the sentences and the crossword according to the hints.

根据提示，完成句子和纵横字谜。

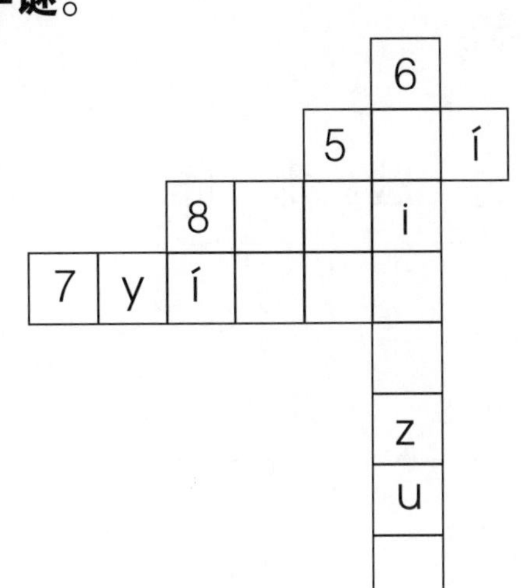

(1) 美美有点儿内向，不爱说话。丽丽______外向，爱说话，也爱笑。
(2) 我______这件事他还不知道。
(3) 这件衣服现在______八折。
(4) 马丽______星座很有兴趣。
(5) 我的作业找不到了，真______死人了！
(6) 人们把用凹透镜做的眼镜______近视镜。
(7) 小张，我有点儿事，请来______。
(8) 这______洗衣机是我家新买的。

Work in pairs and ask each other questions.

两人一组，互相提问。

1. 你对什么比较有兴趣?
2. 你喜欢春天、夏天、秋天还是冬天? 为什么?
3. 你家在哪儿? 电话号码是多少?
4. 你参加过夏令营吗? 夏令营里有哪些活动?
5. 你是什么星座的? 你的性格是什么样的?
6. 你喜欢什么颜色的鞋? 穿多大号的?

Correct the mistakes.

找错字。

打 过 脸 那 昨 跑 洗 家 雪 场 钱 草

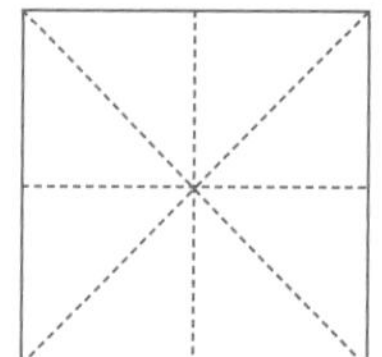 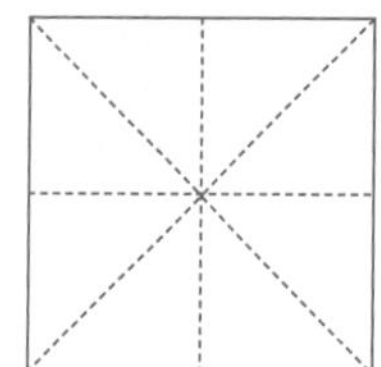 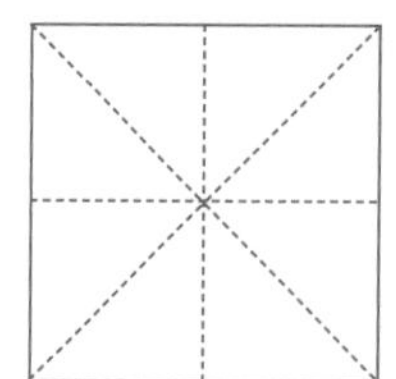 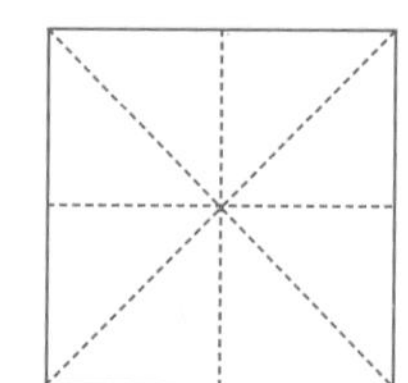

Complete the following passage with appropriate words and then read it.

选择合适的词语，补全下面的短文，然后读一读。

小刚和沙沙说好（shuōhǎo come to an agreement）这个星期六八点半一起去唱卡拉OK。小刚喜欢睡觉，周末经常很晚起床。①______，星期六他七点就起床了，②______平时早了两个小时。

吃完早饭，他来到约（yuē make an appointment）好的地方。③______差一刻九点了，沙沙还没来。小刚觉得很奇怪。现在④______？小刚想了想："⑤______她打一个电话吧！"

"喂？沙沙，我是小刚。你在哪儿？我们不是说好八点半一起去唱卡拉OK吗？"

沙沙在电话那边说："是去唱卡拉OK，没错儿！可是我说的是晚上八点半⑥____！"

①	A. 如果	B. 因为	C. 不过	D. 当然
②	A. 跟	B. 比	C. 和	D. 比较
③	A. 已经	B. 时间	C. 就	D. 是
④	A. 为什么	B. 怎么样	C. 哪儿	D. 怎么办
⑤	A. 问	B. 跟	C. 给	D. 和
⑥	A. 吗	B. 啊	C. 嘛	D. 呢

5

你家离我家有多远？

Nǐ jiā lí wǒ jiā yǒu duō yuǎn?

Objectives
学习目标

- Master the use of verb and adjective duplication
  掌握动词重叠和形容词重叠的用法
- Learn the expressions of usual vehicles
  学会常用交通工具的表达
- Learn to ask about distance
  学会问距离
- Learn to express reproach
  学会表达责备

Ask yourself
问问你自己

- Where are the holiday resorts in your country?
  你们国家有哪些度假的好地方？
- Where have your parents and you been for a holiday?
  你和爸爸妈妈去过什么地方度假？
- Which means of transportation do people usually choose for a holiday?
  去度假时，人们通常选择哪种交通工具？

热身 Warm-up

Which vehicles in the following have you taken? Draw lines and tell which is the fastest?

你乘坐过下面哪种交通工具？连一连，并说说哪种交通工具最快？

轮船 ship
lúnchuán

出租车 taxi
chūzū chē

地铁 subway
dìtiě

公共汽车 bus
gōnggòng qìchē

飞机 plane
fēijī

火车 train
huǒchē

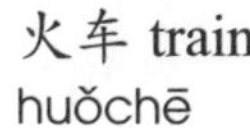

第一部分 Part I

词语 Vocabulary

1	2	3	4	5
不像话	迟到	俩	火车	不该
bú xiànghuà	chídào	liǎ	huǒchē	bù gāi
ill-behaved	late	two	train	should not

6	这么	zhème	so
7	慢慢腾腾	mànmantēngtēng	sluggish
8	出发	chūfā	start
9	火车站	huǒchē zhàn	railway station
10	度假	dùjià	go for a holiday
11	离	lí	far from
12	左右	zuǒyòu	or so
13	大概	dàgài	approximately
14	完	wán	over
15	场	chǎng	times
16	等一等	děng yī děng	wait
17	近	jìn	near
18	考试	kǎoshì	exam
19	地铁	dìtiě	subway
20	然后	ránhòu	then
21	换	huàn	change
22	公共汽车	gōnggòng qìchē	bus
23	一段路	yíduànlù	a section of the road
24	出租车	chūzū chē	taxi

Dialogue.
对话。

妈妈: 真 不 像话，我们 要 迟到啦！火车 是 九点一刻的。你们 俩 不 该 这么 慢慢腾腾 的，我们 应该 马上 出发 去 火车 站。我 可 要 生气啦。
māma: Zhēn bú xiànghuà, wǒmen yào chídào la! Huǒchē shì jiǔ diǎn yíkè de. Nǐmen liǎ bù gāi zhème mànmantēngtēng de, wǒmen yīnggāi mǎshàng chūfā qù huǒchē zhàn. Wǒ kě yào shēngqì lā.

Answer the following questions according to the dialogue.
根据课文回答问题。

1. 妈妈为什么说爸爸和李力太不像话了?
2. 李力家离马华家有多远? 马华打算(dǎsuàn plan)怎么去李力家?

爸爸: 别 生气 呀。一家人去度假，应该 高高 兴兴 地嘛。火车 站离我们家 15 公里 左右，大概 半个 小时就到了。你 再 休息休息，我 想 看 完 这 场 篮球比赛。
bàba: Bié shēngqì ya. Yì jiārén qù dùjià, yīnggāi gāogāo xìngxìng de ma. Huǒchē zhàn lí wǒmen jiā shíwǔ gōnglǐ zuǒyòu, dàgài bàn ge xiǎoshí jiù dào le. Nǐ zài xiūxi xiūxi, wǒ xiǎng kàn wán zhè chǎng lánqiú bǐsài.

李力: 妈妈，您再 等一 等，好 吗? 我要把 这几本 书 送 给 同学，他们家离我们 家很近。
Lǐ Lì: Māma, nín zài děng yī děng, hǎo ma? Wǒ yào bǎ zhè jǐ běn shū sòng gěi tóngxué, tāmen jiā lí wǒmen jiā hěn jìn.

妈妈: 看看 你们 俩，太不 像话 了!
māma: Kànkan nǐmen liǎ, tài bú xiànghuà le!

李力: 明天 考试后，你来 我们家 玩玩 吧，轻松 一下。
Lǐ Lì: Míngtiān kǎoshì hòu, nǐ lái wǒmen jiā wánwan ba, qīngsōng yíxià.

马华: 你家离我家有 多 远?
Mǎ Huá: Nǐ jiā lí wǒ jiā yǒu duō yuǎn?

李力: 大概有 20 多 公里 吧。
Lǐ Lì: Dàgài yǒu èrshí duō gōnglǐ ba.

马华: 有 点儿 远。我去你家怎么走啊?
Mǎ Huá: Yǒu diǎnr yuǎn. Wǒ qù nǐ jiā zěnme zǒu a?

李力: 坐地铁吧，然后 换 公共 汽车，下车 后再 走一 段路。我们 家 很 好 找，就在 车站 后面。
Lǐ Lì: Zuò dìtiě ba, ránhòu huàn gōnggòng qìchē, xià chē hòu zài zǒu yí duàn lù. Wǒmen jiā hěn hǎo zhǎo, jiù zài chēzhàn hòumian.

马华: 我还是坐出租 车 去吧，轻松 轻松。
Mǎ Huá: Wǒ háishi zuò chūzū chē qù ba, qīngsōng qīngsōng.

2 Listen to the recording and choose the right pictures.

听录音，选择正确的图片。

1
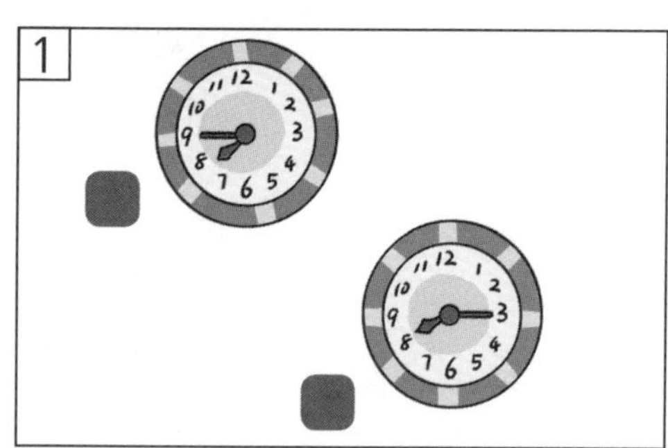

2

3

4
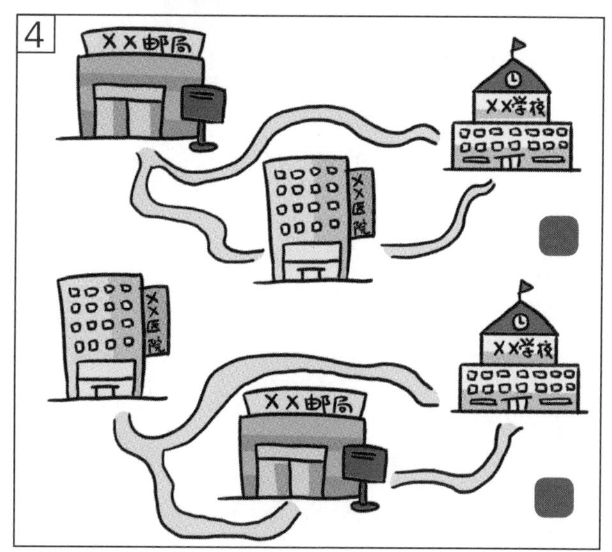

Fill in the blanks with the words and expressions provided in the box.

选词填空。

高高兴兴地	早早地	清清楚楚地
安安静静地	慢慢腾腾的	舒舒服服地

1. A：请不要在这儿吸烟。
   B：为什么？
   A：你没看到吗？墙上＿＿＿＿＿＿＿＿写着“禁止（jìnzhǐ forbid）吸烟”啊！
2. 爸爸的工作很累。晚上回家后，他喜欢＿＿＿＿＿＿＿＿洗一个热水澡。
3. 快点儿，要迟到了！别＿＿＿＿＿＿＿＿。

4 教室里，同学们都在________看书、写作业。

5 小丽是这次游泳比赛的第一名。放学后，她________回到家，告诉了爸爸妈妈。

6 爷爷不喜欢看电视，每天晚上他都________上床（shàngchuáng go to bed）休息。

4 Following the example, draw lines and write.
仿照例子，连一连，写一写。

打 ------> ________

听 ------> ________

遛 ------> ________

踢 ------> 打打篮球

玩 ------> ________

写 ------> ________

看 ------> ________

Group activity. Work in groups of 4–5 persons, using the phrases in Activity 4 tell what you usually do on weekends. Then find out which 2–3 activities are done the most frequently.

小组活动。4~5人一组，仿照活动4中的短语，说说你在周末经常做什么？最后统计一下，看看大家最常做的2~3件事是什么？

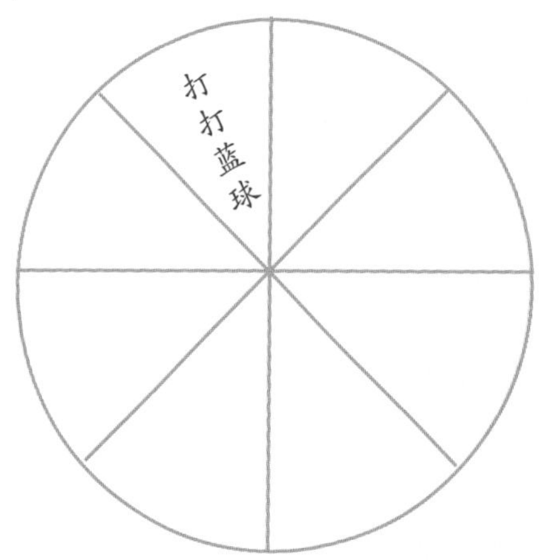

Class game. Listen to the word and find its corresponding number. Then rapidly form a row with other students with a student's hands on the shoulders of the one before. The number of students in the row must be the same as the corresponding number. Those who do not belong to any group are required to make a sentence with the words and structures in this lesson.

全班游戏。听词语，找到对应的数字。迅速和其他同学手搭肩站成一队，队伍人数要与数字一致。没有队伍的同学，要用本课的词和结构说一个句子。

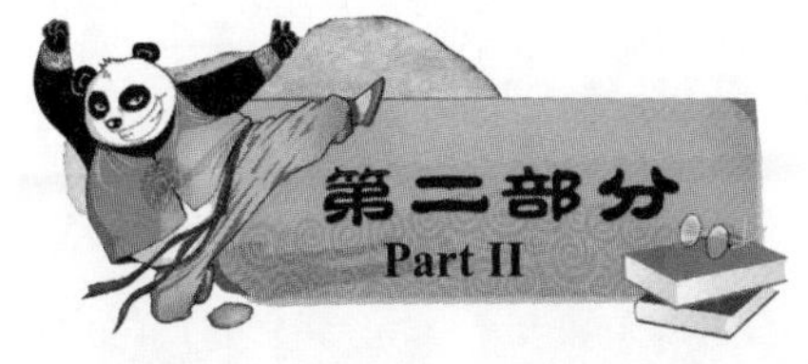

Read the following passage and answer the questions.
阅读下面的文章，回答问题。

北京的汽车越来越多，现在已经有300多万辆了。不过，北京的车没有东京的多，东京有800多万辆。北京的车也比曼谷、伦敦、巴黎和纽约少。虽然北京的汽车没有它们多，但是高峰的时候跟它们一样堵车。一些人的家离上班的地方很远，坐两个小时公共汽车才能到，真的很累啊。

以前，北京有很多很多自行车。汽车慢慢多起来后，自行车比以前少多了。但是，现在很多人又开始骑车了，因为这样有利于身体健康，有利于提高空气质量，还可以节省时间。

1. 北京现在大约有多少辆汽车？
2. 东京、巴黎、曼谷、北京，哪个城市的汽车最少？
3. 在北京，为什么很多人开始骑自行车了？

11	12	13	14	15
有利于	健康	提高	质量	节省
yǒulìyú	jiànkāng	tígāo	zhìliàng	jiéshěng
beneficial	health	improve	quality	save

Chinese characters.
汉字。

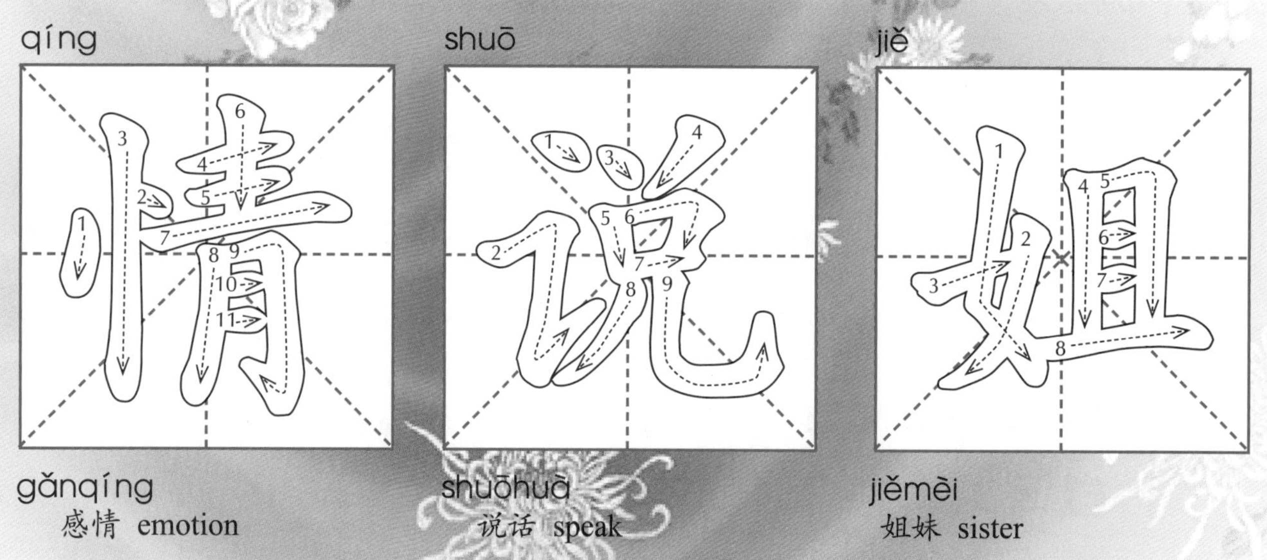

Radical learning.
部首课堂。

Radical 部首	Meaning 部首含义	Examples 例字
忄	Relating to thoughts or mental activities. 和思想或者心理活动有关。	qíng 情 guài 怪 màn 慢
讠	Relating to speaking. 和说话有关。	shuō 说 sù 诉 yǔ 语
女	Relating to females. 和女性有关。	jiě 姐 mā 妈 tā 她

桂林是中国著名的旅游城市，那里的山、水、洞、石都很美。在古代就有过“桂林山水甲天下”的诗句，“甲”就是第一，意思是说，桂林山水非常美丽，是天下第一的。

As a famous tourist attraction in China, Guilin enjoys its beauty of mountains, water, caves and stones. Since ancient times, there has been a saying, “桂林山水甲天下”. “甲” means No.1 and the saying means that the scenery in Guilin is the best in the world because of its spectacular beauty of mountains and water.

你知道桂林在中国的哪个省吗?
Do you know in which province Guilin is located?

火车站离你家有多远？找出你所在城市的地图，根据地图上的比例尺计算一下。

How far is the railway station from your home? Find a map of your city to calculate the distance according to the scale.

姓名	距离	交通方式	时间

Ask your classmates how far the railway station is from his or her home, what the most convenient means of transportation to the railway station is, and how long it takes.

问一问你的同学：火车站离他/她家有多远？最便利的交通方式是什么，要用多长时间？

6

我都等了一年了

Wǒ dōu děng le yì nián le

Objectives
学习目标

- **Learn to use the structure of "……的", such as "吃的" and "白色的"**
  学会使用"……的"结构，如"吃的、白色的"
- **Master the use of action- and time-measure complements**
  掌握动量补语和时量补语的用法
- **Learn to express belief and disbelief**
  学会表达相信或不相信

Ask yourself
问问你自己

- **Which day is your birthday?**
  你的生日是哪一天？
- **What gifts did you receive on your last birthday?**
  上次过生日时你收到了什么礼物？
- **Do you know your parents' birthdays?**
  你知道爸爸妈妈的生日吗？

Xiaowei is going for a holiday. Look at the pictures and help him sort out his traveling articles.
小伟要去度假，看图，帮他整理一下旅行用品。

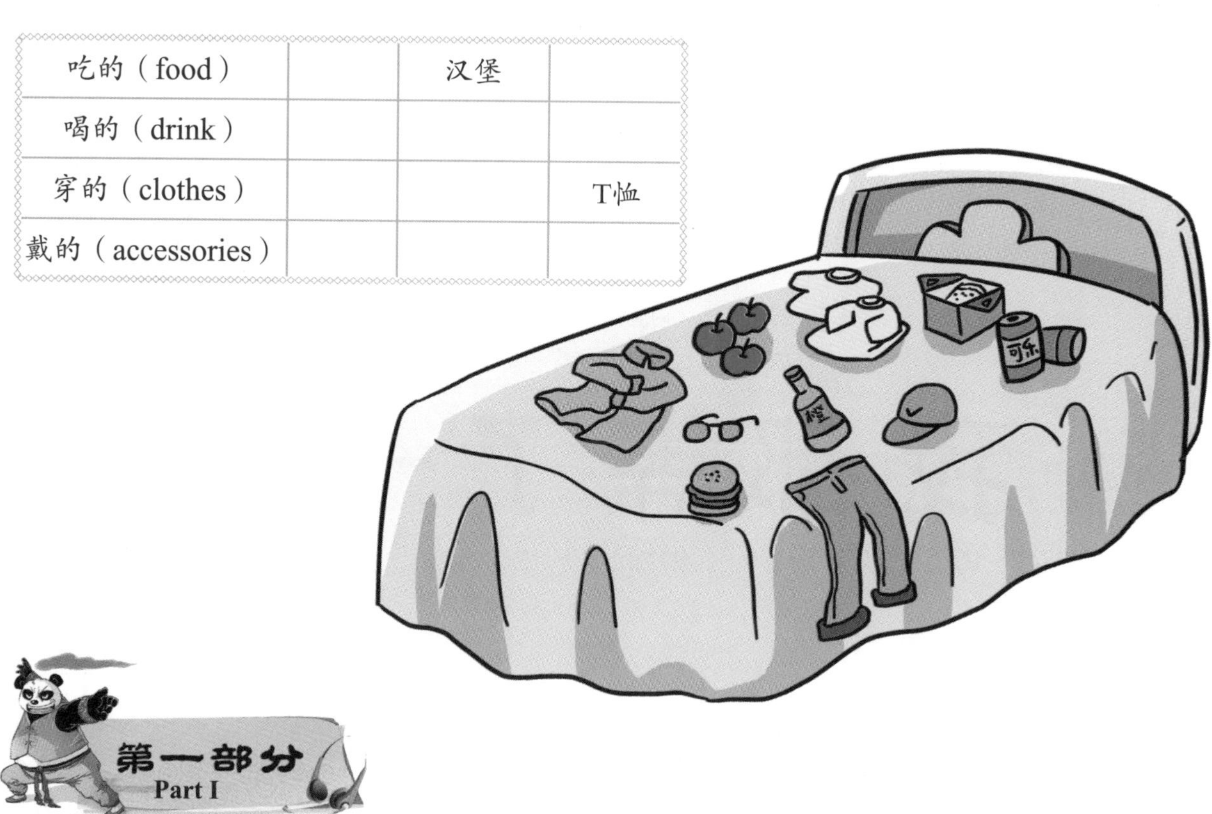

吃的（food）		汉堡	
喝的（drink）			
穿的（clothes）			T恤
戴的（accessories）			

第一部分 Part I

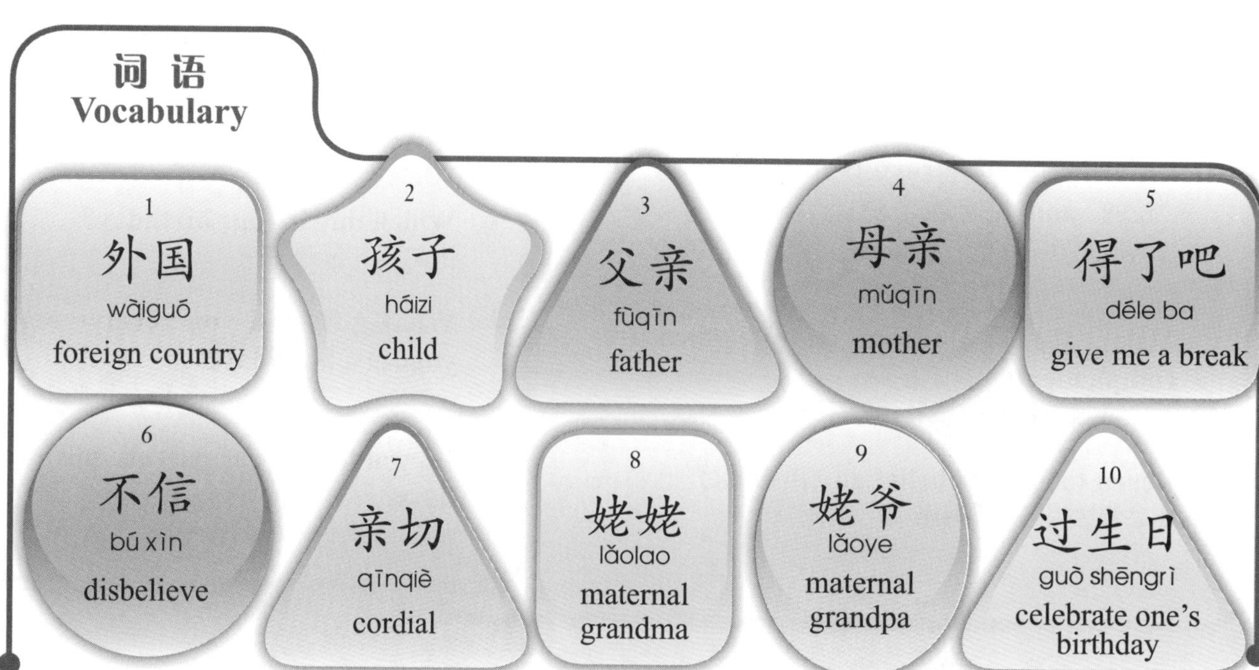

1 Dialogue.
对话。

李明美：听说 外国 的孩子可以叫他们父亲、母亲的名字！
Lǐ Míngměi: Tīngshuō wàiguó de háizi kěyǐ jiào tāmen fùqīn, mǔqīn de míngzi!

王北静：得了吧，我才不信呢！
Wāng Běijìng: Déle ba, wǒ cái bú xìn ne!

徐夏天：是真的，我在电影里看到过好几次，英国的、美国的，都这样，挺亲切的，就像好朋友一样。不过，他们好像不叫爷爷、奶奶、姥姥、姥爷的名字。
Xú Xiàtiān: Shì zhēn de, wǒ zài diànyǐng lǐ kàn dào guò hǎo jǐ cì, Yīngguó de, Měiguó de, dōu zhèyàng, tǐng qīnqiè de, jiù xiàng hǎo péngyou yíyàng. Búguò, tāmen hǎoxiàng bú jiào yéye, nǎinai, lǎolao, lǎoye de míngzi.

Answer the following questions according to the dialogue.
根据课文回答问题。

1. 在哪些国家孩子可以叫他们父亲、母亲的名字？
2. 张和打算送外公什么生日礼物？

李明美：没错。他们把爷爷、奶奶和姥姥、姥爷叫做grandpa、grandma。
Lǐ Míngměi: Méi cuò. Tāmen bǎ yéye, nǎinai hé lǎolao, lǎoye jiào zuò grandpa, grandma.

爸爸：为了给你过生日，你外公和外婆后天要过来一次。外公问你喜欢什么颜色的帽子，是黑色的、白色的，还是红色的？他要送你一顶棒球帽。
bàba: Wèile gěi nǐ guò shēngrì, nǐ wàigōng hé wàipó hòutiān yào guòlái yícì. Wàigōng wèn nǐ xǐhuan shénme yánsè de màozi, shì hēisè de, báisè de, háishi hóngsè de? Tā yào sòng nǐ yì dǐng bàngqiú mào.

张和：白色的最好看，我最喜欢白色。过生日真好啊！我都等了一年了！
Zhāng Hé: Báisè de zuìhǎo kàn, wǒ zuì xǐhuan báisè. Guò shēngrì zhēn hǎo a! Wǒ dōu děng le yì nián le!

爸爸：那，今年外公过生日，你送外公什么礼物啊？是吃的、喝的，还是穿的啊？
bàba: Nà, jīnnián wàigōng guò shēngrì, nǐ sòng wàigōng shénme lǐwù a? Shì chī de, hē de, háishi chuān de a?

张和：戴的怎么样？我们送外公一副新的老花眼镜吧！
Zhāng Hé: Dài de zěnmeyàng? wǒmen sòng wàigōng yí fù xīn de lǎohuā yǎnjìng ba!

爸爸：好！听你的。
bàba: Hǎo! Tīng nǐ de.

Listen to the recording and choose the right pictures.

听录音，选择正确的图片。

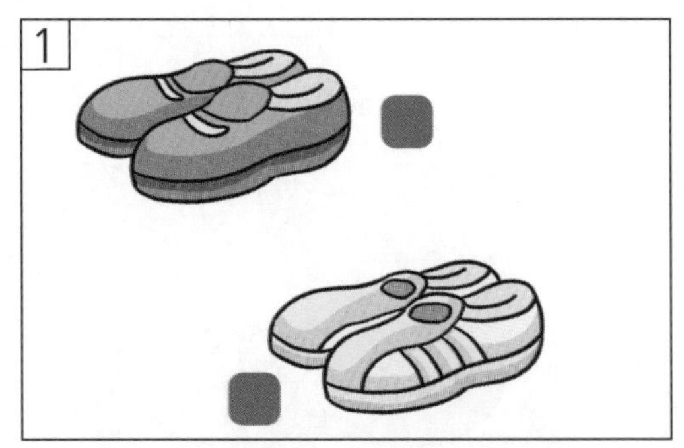

Work in pairs. Complete the following dialogue according to the pictures.

两人一组，根据图片完成下面的对话。

1. A: 你吃过______吗？

   B: 我吃过______次。

   A: ______________吗？

   B: 我不喜欢。

2. A: 你去过______吗？

   B: 对，我______。第一次去是夏天，第二次去是冬天。

3 A: 你玩过这种______吗？
B: 我和弟弟都玩过。他经常玩儿。我__________。

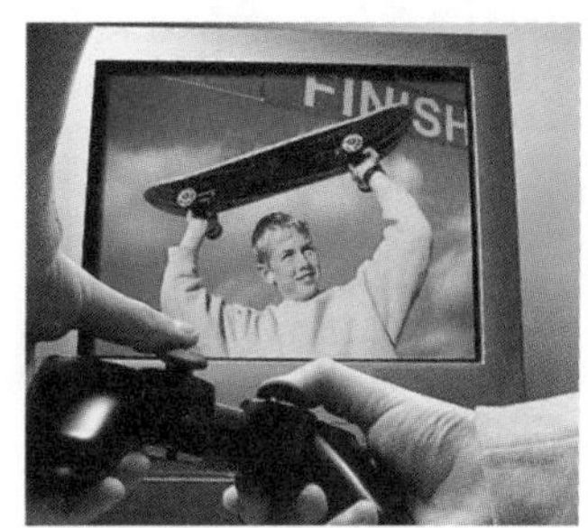

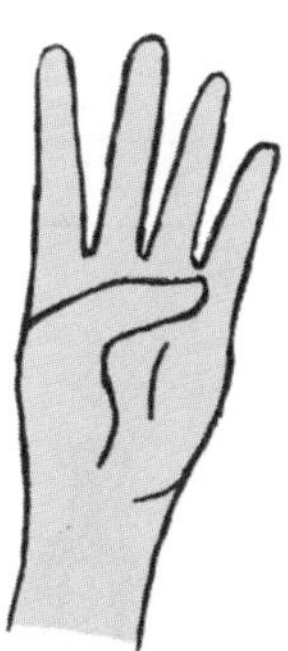

4 A: 你______________吗？
B: 会，我和大伟经常一起去______。上个星期我们__________，星期三、星期五，还有________。

Group activity. Work in groups of 4–5 persons, tell what you did last holiday (winter or summer holiday) by using the structure of "V+__次", and ask other classmates by following Activity 3.

小组活动。4~5人一组，用"V+__次"结构说一说最近的一个假期（寒假或者暑假）你做过哪些事情，并仿照活动3问问其他同学。

Make sentences according to the following pictures. The class is divided into three groups. The first group writes about "谁", the second "做什么", and the third "一段时间". Then the whole class make sentences with "我等了三个小时" and find out which sentences are acceptable.

仿照下图，做造句游戏。全班分三组，第一组写"谁"、第二组写"做什么"，第三组写"一段时间"，仿照"我等了三个小时"造句，看看哪些句子是合理的。

Class game. Guess who has drunk the lemonade. There are two glasses of icy water and one glass of lemonade. By using "信" or "不信", guess who tells the truth—having drunk the lemonade according to his or her facial expression and tell the reason.

全班游戏。猜一猜，谁喝了柠檬水？桌子上有两杯冰水和一杯柠檬水（níngméng shuǐ lemonade）。根据同学的表情，猜猜谁说的是真话，喝了柠檬水。用"信"、"不信"回答，并说说理由。

Read the following sentences and make up a passage with them in proper order.
阅读下面的句子，把它们排成一个短文。

如果老人没有和子女们一起生活，春节的时候，儿女们常常会带孩子一起回老家，跟老人一起过年。	在中国，很多老人喜欢跟自己的儿子、女儿一起生活。
所以，春节前，在外工作学习的人们都要坐火车回老家一次，虽然很辛苦，但是一家人能团团圆圆地过年，是多么快乐啊！	在家里，他们是孙子、孙女的好朋友。现在，很多中国人一家只有一个孩子，孩子真的是老人们的宝贝。

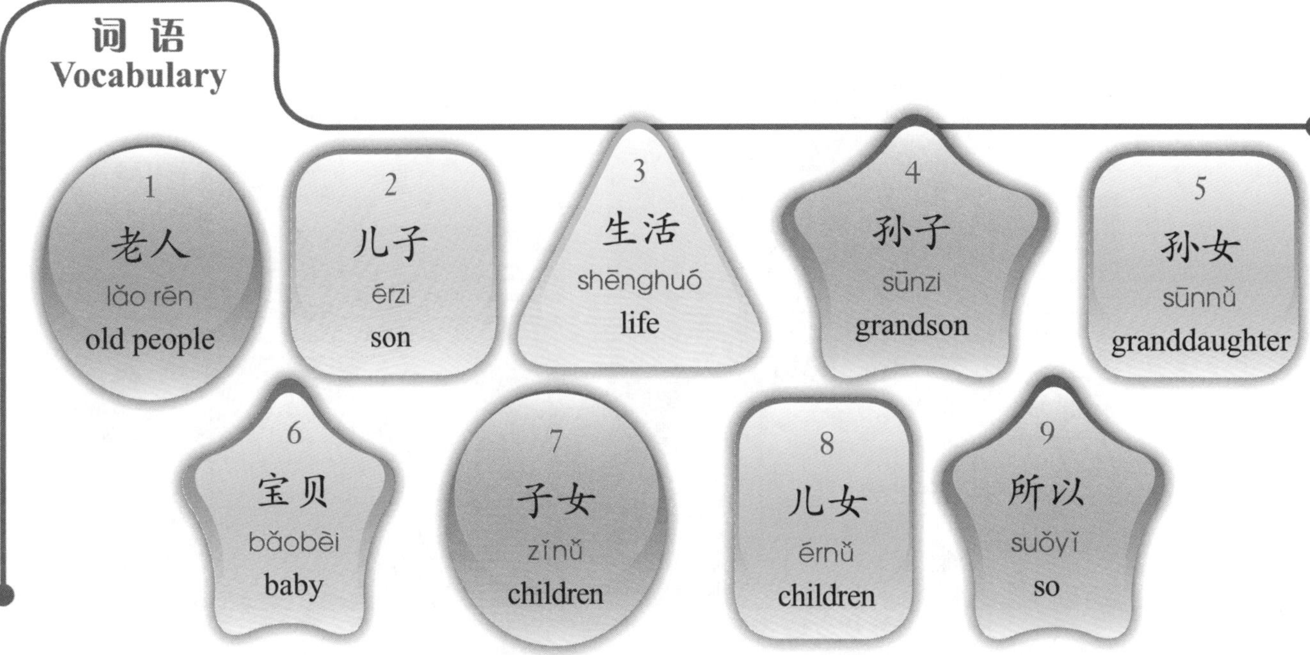

10	11	12	13	14
工作	学习	辛苦	团团圆圆	多么
gōngzuò	xuéxí	xīnkǔ	tuántuán yuányuán	duōme
work	study	hard	reunited	how

Chinese characters.
汉字。

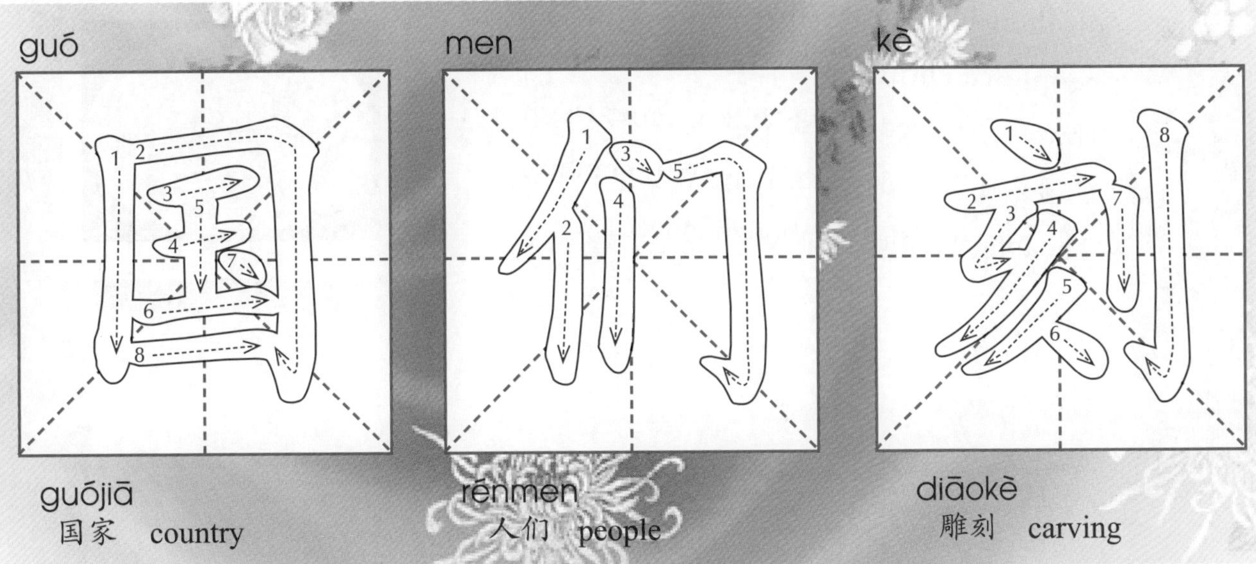

Radical learning.
部首课堂。

Radical 部 首	Meaning 部首含义	Examples 例 字
口	Relating to borders. 和边界有关。	guó 国 yuán 园 tú 图
亻	Relating to people. 和人有关。	mén 们 tā 他 xìn 信
刂	Relating to knives. 和刀有关。	kè 刻 huá 划 gāng 刚

体验中国 Experiencing China

你一定知道过生日常常吃蛋糕、点蜡烛、许愿，现在很多中国人也这样过生日。不过，中国人过生日还要吃一种很特别的东西，就是"长寿面"，长长的面条代表健康长寿。

You surely know that people will have cakes and light candles and make wishes on their birthdays. Now, many Chinese people celebrate theirs in this way too. However, a special dish will be provided in China on this day, i.e. longevity noodles. The long noodles symbolize longevity.

你们国家的人过生日时有什么特别的习惯吗？

What special habits do people have to celebrate their birthdays in your country?

春节是中国最重要的传统节日。除了春节以外，中国还有元宵节、端午节、中秋节。通过上网或到图书馆查找资料，看一看这些节日分别是哪一天，过节时人们会吃哪种传统食物。

The Spring Festival is the most important traditional festival in China. In addition, there is also the Lantern Festival, the Dragon Boat Festival and Mid-autumn Day. Search on the Internet or in the library, and find out when these festivals are and what traditional food people will have on these days.

Make a PPT file with pictures and texts and present it to your classmates.

用图片和文字制作一个PPT，和你的同学分享一下。

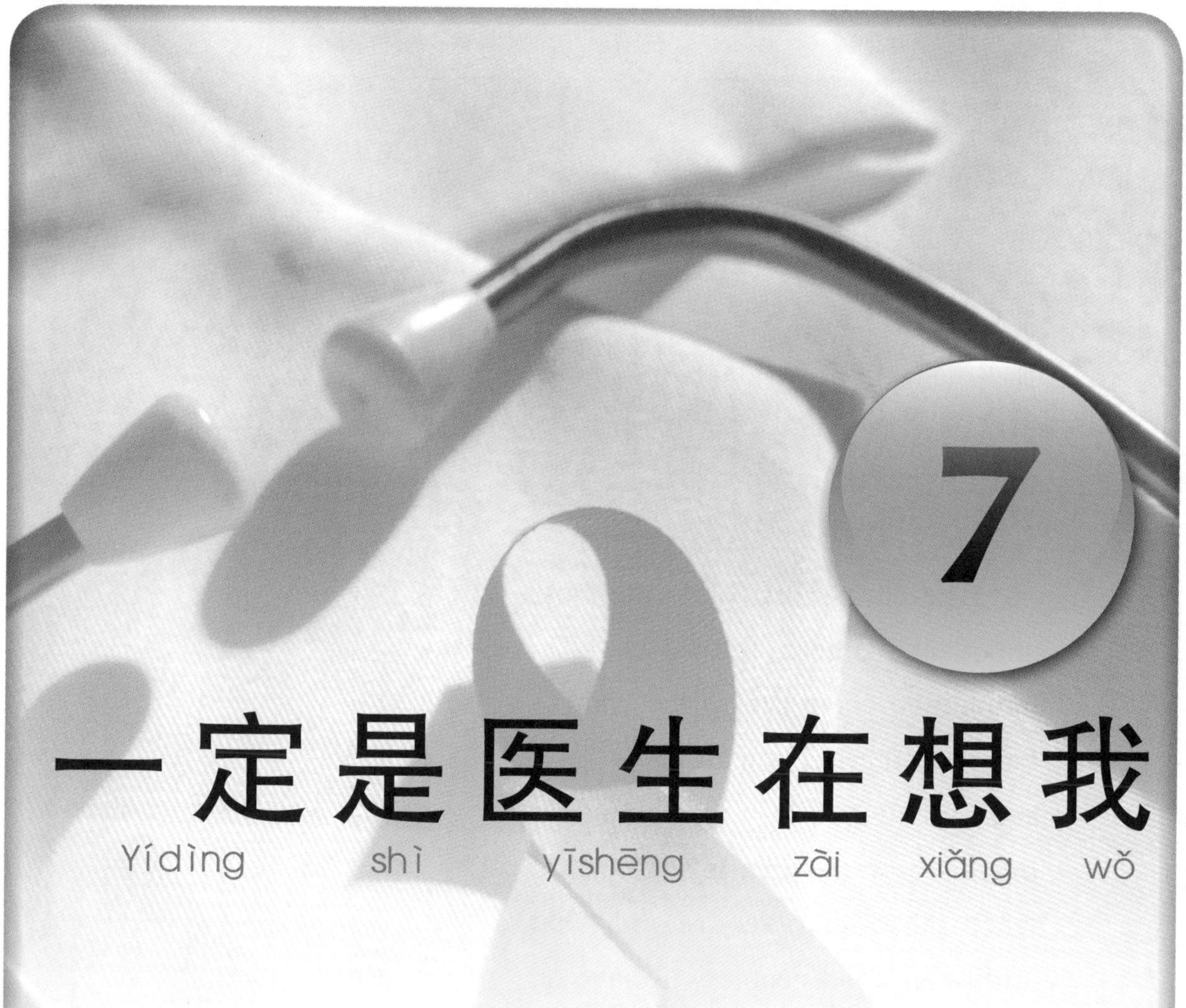

7

一定是医生在想我

Yídìng shì yīshēng zài xiǎng wǒ

Objectives
学习目标

- Learn to express doubt and guess
  学会表达怀疑和猜测
- Learn to use “从……回来”
  学会使用“从……回来”
- Learn to use directional phrases, such as “印章上面”
  学会使用方位词组，如“印章上面”
- Learn the expressions relating to giving and receiving gifts
  学会馈赠和接受礼物时的有关表达

Ask yourself
问问你自己

- Are you allergic to anything? How about your family and friends?
  你对某些东西过敏吗？你的家人和朋友呢？
- What are the symptoms in case of allergy?
  过敏时都有哪些症状？
- What should be done in case of allergy?
  出现过敏症状应该怎么办？

Look at the following Chinese seals and tell which of the 12 symbolic animals are here? Which Chinese characters do you know?

看一看下面的中国印是十二生肖中的哪几种动物？你能认出哪几个汉字？

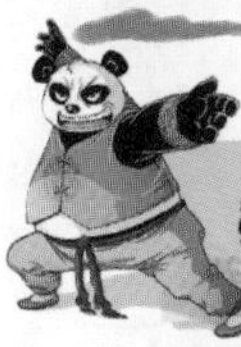

第一部分 Part I

词语 Vocabulary

1 一直 yìzhí always

2 打喷嚏 dǎ pēntì sneeze

3 按照 ànzhào according to

4 说法 shuōfǎ saying

5 想 xiǎng think

6 刚 gāng just

7 从 cóng from

8 吃药 chī yào take medicine

9 感冒 gǎnmào catch a cold

10 流眼泪 liú yǎnlèi shed tears

11 发烧 fāshāo catch a fever

12 过敏 guòmǐn allergic

13 难受 nánshòu feel bad

Dialogue.
对话。

林丹：你一直在打喷嚏！按照我们中国人的说法，有人在想你呢！
Lín Dān: Nǐ yìzhí zài dǎ pēntì! Ànzhào wǒmen Zhōngguórén de shuōfǎ, yǒu rén zài xiǎng nǐ ne!

艾伦：怎么可能呢？对了，一定是医生在想我！我刚从医院回来。我该吃药了。
Àilún: Zěnme kěnéng ne? Duì le, yídìng shì yīshēng zài xiǎng wǒ! Wǒ gāng cóng yīyuàn huílái. Wǒ gāi chī yào le.

林丹：怎么了？不舒服吗？是不是感冒了？打喷嚏、流眼泪，好像是感冒了。你头疼不疼？发烧吗？
Lín Dān: Zěnme le? Bù shūfu ma? Shì búshì gǎnmào le? Dǎ pēntì, liú yǎnlèi, hǎoxiàng shì gǎnmào le. Nǐ tóu téng buténg? Fāshāo ma?

艾伦：不是感冒，是过敏。我一到春天就过敏，太难受了。听说你们老家春天很短，是真的吗？
Àilún: Búshì gǎnmào, shì guòmǐn. Wǒ yí dào chūntiān jiù guòmǐn, tài nánshòu le. Tīngshuō nǐmen lǎojiā chūntiān hěn duǎn, shì zhēn de ma?

林丹：对，是真的。我们那里春天很短，秋天也不长。我也会过敏，不过，不是因为春天，我一吃鱼就过敏。
Lín Dān: Duì, shì zhēn de. Wǒmen nàlǐ chūntiān hěn duǎn, qiūtiān yě bù cháng. Wǒ yě huì guòmǐn, búguò, búshì yīnwèi chūntiān, wǒ yì chī yú jiù guòmǐn.

Answer the following questions according to the dialogue.
根据课文回答问题。

1. 艾伦感冒了吗？他为什么打喷嚏，流眼泪？
2. 张南送给艾伦什么礼物？

张 南：听说 你 生病 了？我 刚 从 中国 回来。这是
Zhāng Nán: Tīngshuō nǐ shēngbìng le? Wǒ gāng cóng Zhōngguó huílái. Zhè shì

送 给你的，一点儿心意，祝你早日康复！
sòng gěi nǐ de, yīdiǎnr xīnyì, zhù nǐ zǎorì kāngfù!

艾伦：谢谢你的礼物！我 能 现在 打开吗？
Àilún: Xièxie nǐ de lǐwū! Wǒ néng xiànzài dǎkāi ma?

张 南：当然 可以，看一下儿吧，不 知道你 喜欢不喜欢。
Zhāng Nán: Dāngrán kěyǐ, kàn yíxiàr ba, bù zhīdào nǐ xǐhuan bù xǐhuan.

艾伦：一块 石头！ 中国 的石头？
Àilún: Yí kuài shítou! Zhōngguó de shítou?

张 南：这 是 中国 印章！
Zhāng Nán: Zhè shì Zhōngguó yìnzhāng!

印章 上面 还有
Yìnzhāng shàngmiàn hái yǒu

你的名字呢。
nǐ de míngzi ne.

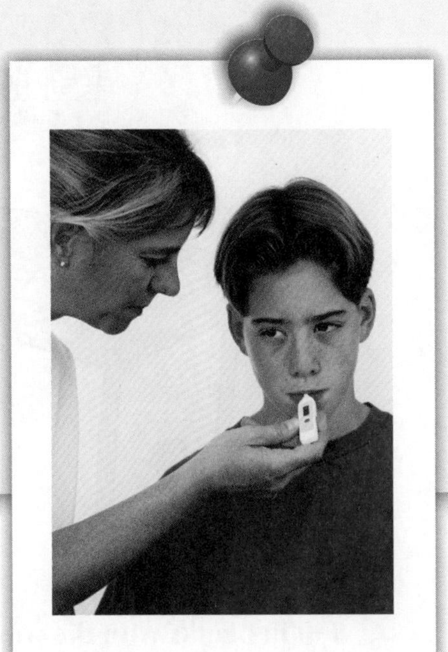

 **Listen to the recording and match.**

听录音，连一连。

 小美

 李明

 汤姆

 马丽

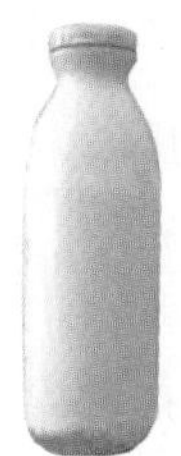

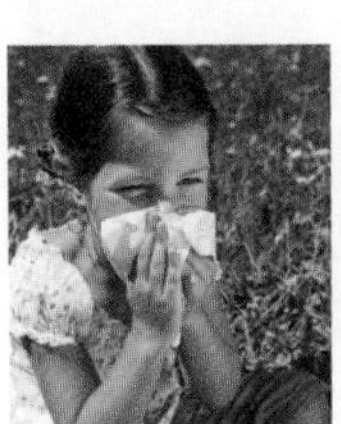

3 Work in pairs to follow the sentences below. Ask your partner to look for what is missing in the picture and draw it.

两人一组，仿照下面的句子，问一问你的同伴，找到你的图中缺少的东西，并画出来。

……上面　……下面　……左面　……右面
……前面　……后面　……里面

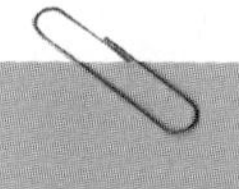

例　桌子 前面 有什么？ ········› 桌子 前面 有 一把椅子。

4 Fill in blanks with the words and expressions provided in the box.

选词填空。

发烧	礼物	觉得	一下儿	一……就
每次	送给	经常	从……回来	一直

贝克的爸爸是一名科学家，他________去外国开会（kāihuì have a meeting）。________从国外回来，他都会带很多________。

今天在学校，贝克________不太舒服。他感冒了，________在打喷嚏，还有点儿________。但是，他很高兴，因为爸爸要________英国________了。贝克________放学________从学校跑回了家，他想看________这次爸爸要________他什么________。

Listen to the recording, choose the right pictures and answer the following questions.
听录音，选出正确的图片，并回答下面的问题。

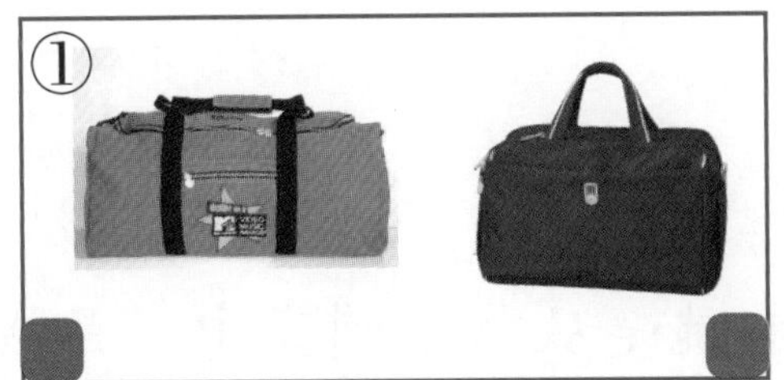

1 爸爸给贝克买了什么礼物？

______________________________。

2 为什么包里只有一条裙子？

______________________________。

Class game. Following the pictures below, ask the students before the blackboard to guess whose name is written on the card in his or her hand.

全班游戏。仿照下面的图片问问黑板前面的同学，猜一猜他/她手中的卡片写的是哪个同学的名字。

Listen to the recording and fill in the blanks.
听录音，填空。

从十二三岁到________岁，也就是从初中到高中，是我们身体长得________的时候。为了健康成长，我们需要很多热量和维生素。________、面包、牛奶、鸡蛋和鱼里面有很多热量，蔬菜、水果里面有很多维生素。所以，我们每天应该多吃饭，多吃蔬菜和水果，当然，还要________。有些同学不吃早饭就去学校。上午的________和活动需要很多热量。不吃早饭，热量就不够，人就会感到很不舒服，这样对________很不好。

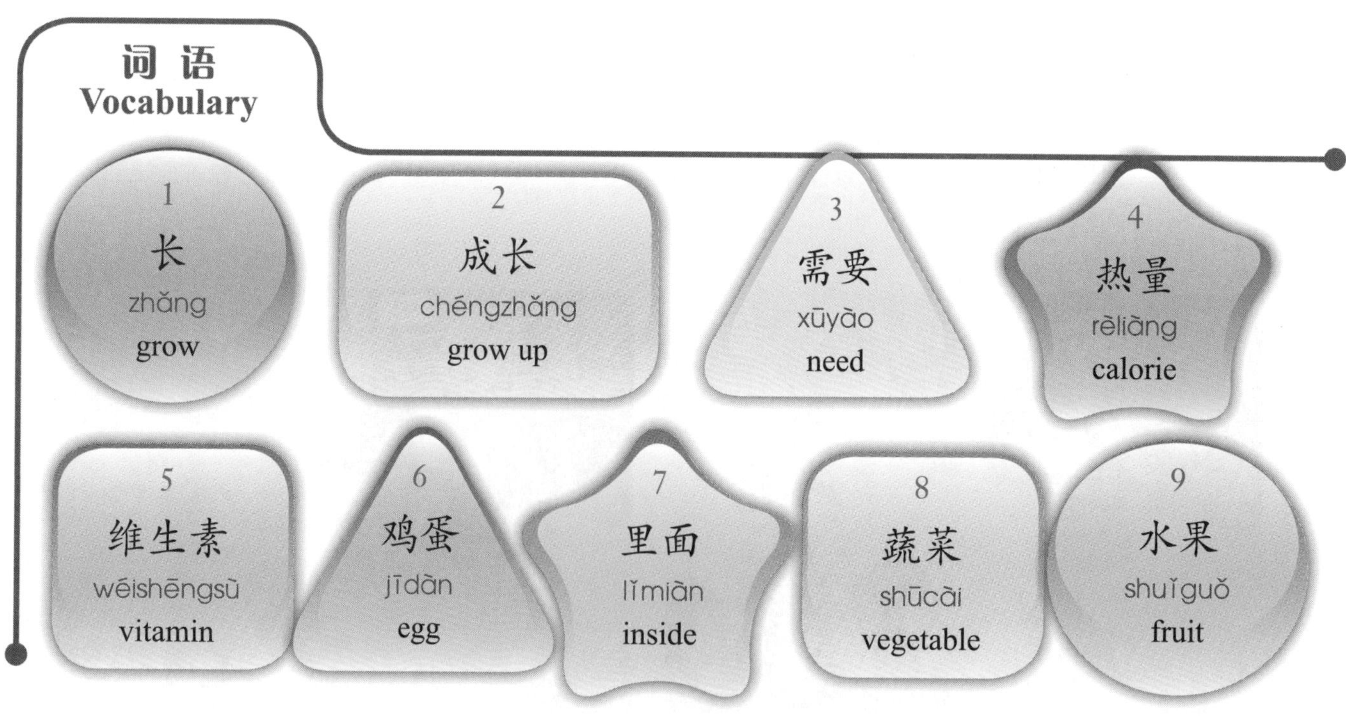

Chinese characters.
汉字。

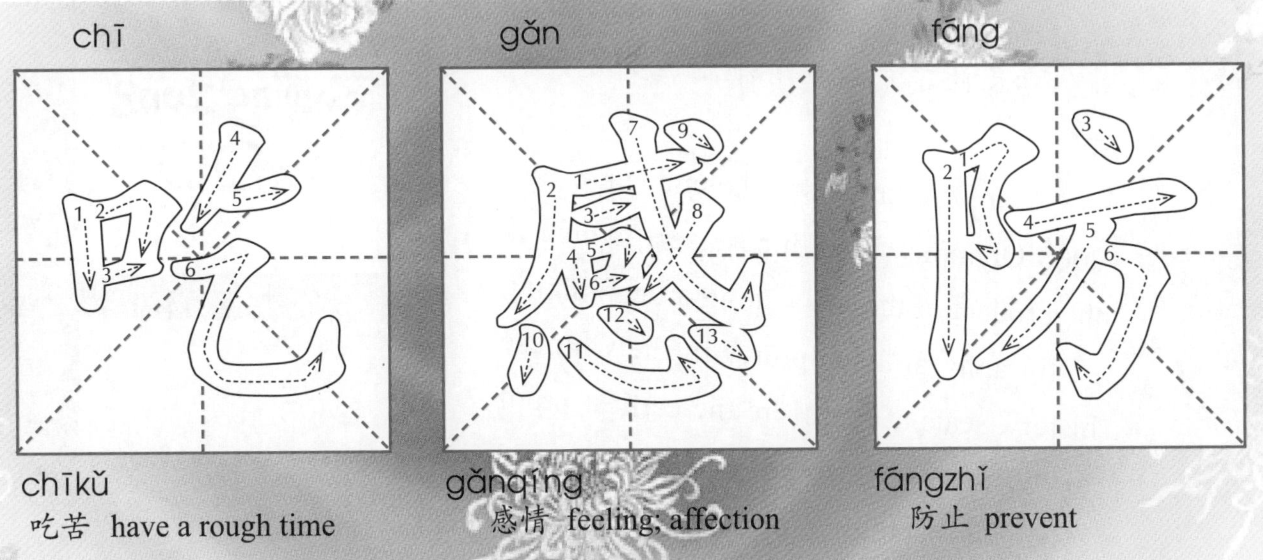

Radical learning.
部首课堂。

Radical 部首	Meaning 部首含义	Examples 例字
口	Relating to the mouth. 和嘴有关。	chī 吃 hē 喝 chàng 唱
心	Relating to the psychology. 和心理有关。	gǎn 感 wàng 忘 sī 思
阝	"阝" on the left relating to the mountain. 左"阝"和山有关。	fáng 防 yáng 阳 chú 除

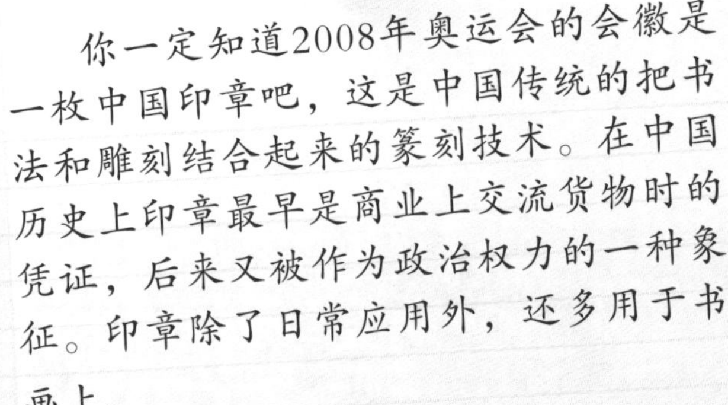

你一定知道2008年奥运会的会徽是一枚中国印章吧，这是中国传统的把书法和雕刻结合起来的篆刻技术。在中国历史上印章最早是商业上交流货物时的凭证，后来又被作为政治权力的一种象征。印章除了日常应用外，还多用于书画上。

You must know that the emblem of the 2008 Olympics is a Chinese seal, which is the product of the seal cutting art combining calligraphy and sculpture. In the Chinese history, seals at first were the earliest proof for business transaction and then used as a symbol of political power. In addition to their daily application, they are also used on painting and calligraphy works.

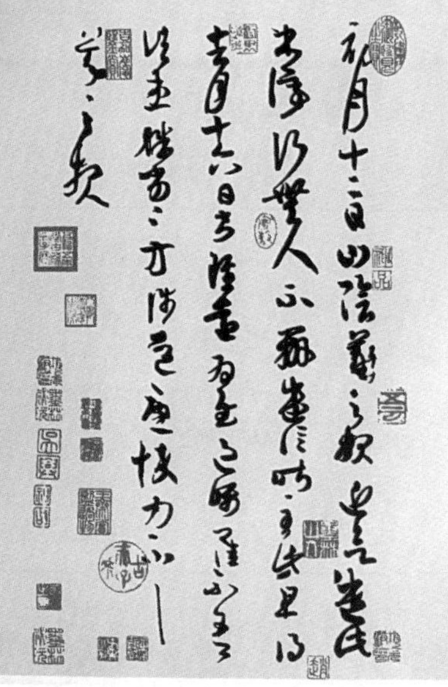

你在你们国家见过中国的印章吗？

Have you seen Chinese seals in your country?

食物名称	热量（千卡）/100克	维生素C（毫克）/100克

Balanced diets are reported on the menu in the school dining hall. Make a list to analyze what has the highest content of nutrition.

学校食堂的食谱很注意营养搭配，列表分析一下，看一看哪些食物的营养价值最高。

8

我玩一下，明天就还给你

Wǒ wán yíxià, míngtiān jiù huán gěi nǐ

Objectives
学习目标

- **Learn to express plans and intentions**
  学会表达计划和打算
- **Master the use of “……不了”, a possibility complement**
  掌握可能补语“……不了”的用法
- **Learn to express guess**
  学会表达猜测
- **Learn to use “将” to indicate future**
  学会使用“将”表示将来
- **Learn to use “比如说……” to list items**
  学会使用“比如说……”列举事例

Ask yourself
问问你自己

- **Where do you often surf the Internet?**
  你经常在哪儿上网?
- **What do you do on the Internet?**
  你上网的时候做哪些事情?
- **What other access to the Internet do you have except the computer?**
  除了用电脑现在还有哪些途径可以上网?

Look at the following pictures, tell which are typical plants in your country and which are typical in China.

看一看下面的图片，说一说哪些是你们国家的常见植物，哪些是中国的。

词语 Vocabulary

1	2	3	4
打算	植物	展览	愿意
dǎsuàn	zhíwù	zhǎnlǎn	yuànyì
intend	plant	exhibition	willing

1 Dialogue.
对话。

李文：亮亮，我们打算去看一个中国植物展览，能看到很多中国的花和树。你愿意去吗？
Lǐ Wén: Liàngliang, wǒmen dǎsuàn qù kàn yí ge Zhōngguó zhíwù zhǎnlǎn, néng kàn dào hěn duō Zhōngguó de huā hé shù. Nǐ yuànyì qù ma?

亮亮：当然愿意！你们什么时候去？在哪里集合？
Liàngliang: Dāngrán yuànyì! Nǐmen shénme shíhou qù? zài nǎlǐ jíhé?

李文：我们计划今天放学后，差一刻5点出发，在学校礼堂集合。
Lǐ Wén: Wǒmen jìhuà jīntiān fàngxué hòu, chà yíkè wǔ diǎn chūfā, zài xuéxiào lǐtáng jíhé.

Answer the following questions according to the dialogue.
根据课文回答问题。

1. 亮亮放学后去看中国植物展览吗？为什么？
2. 王石的游戏机能上网吗？

亮亮：真遗憾，今天 放学 后 我有点儿事，去不了。
Liàngliang: Zhēn yíhàn, jīntiān fàngxué hòu wǒ yǒudiǎnr shì, qù bù liǎo.

李文：你不会是去学写字吧？
Lǐ Wén: Nǐ bú huì shì qù xué xiě zì ba?

亮亮：亲爱的，那叫书法。
Liàngliang: Qīn'ài de, nà jiào shūfǎ.

张路：王 石，我 能 借一下你的游戏机吗？我玩一下，明天 就 还 给你。
Zhāng Lù: Wáng Shí, wǒ néng jiè yíxià nǐ de yóuxìjī ma? Wǒ wán yíxià, míngtiān jiù huán gěi nǐ.

王石：行，给你。不过，游戏机快没 电了，你自己 充电 吧，两 个小时 就 行。
Wáng Shí: Xíng, gěi nǐ. Búguò, yóuxìjī kuài méi diàn le, nǐ zìjǐ chōngdiàn ba, liǎng ge xiǎoshí jiù xíng.

张路：你觉得这 种 游戏机 将来 能 上网 吗？
Zhāng Lù: Nǐ juéde zhè zhǒng yóuxìjī jiānglái néng shàngwǎng ma?

王石：当然。我觉得 将来 所有的电器 都 能 上网。
Wáng Shí: Dāngrán. Wǒ juéde jiānglái suǒyǒu de diànqì dōu néng shàngwǎng.

张路：比如说，手电筒？
Zhāng Lù: Bǐrú shuō, shǒudiàntǒng?

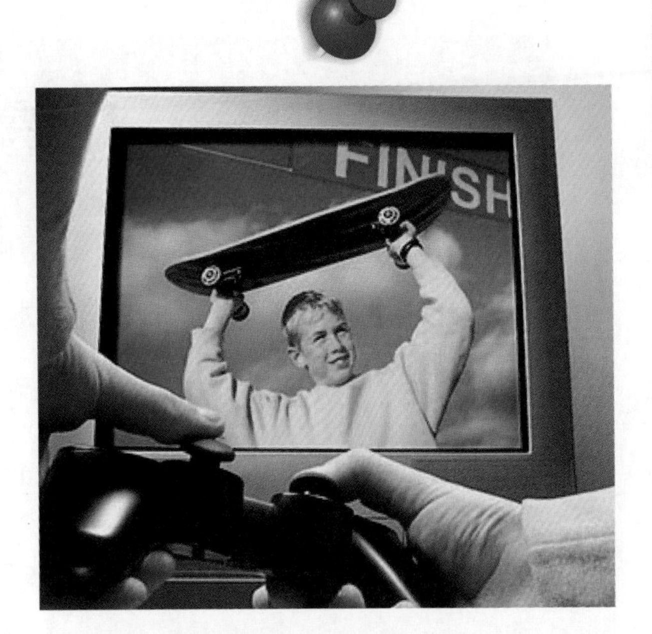

Listen to the recording and choose the right pictures.
听录音，选择正确的图片。

1

2

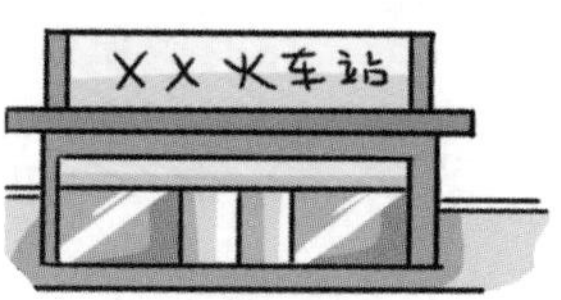

3

4

3 Follow the examples and complete the sentences.
仿照例子，写句子。

例 美国有很多好吃的水果，<u>比如说，苹果、樱桃……</u>。

1 大伟对很多动物都非常有兴趣，________________。

2 冬天，在巴黎，商场里经常有一些打折的东西，________________。

3 北京有很多汽车，一些城市的汽车更多，________________。

4 放学后，大家都喜欢在操场上做运动，________________。

Work in pairs. Complete the following sentences according to the pictures.
两人一组，根据图片完成下面的句子。

1. A: 亮亮，今天你为什么坐______来学校？
   B: 我的______坏了，______不了。

2. A: 大伟，我能借一下你的______吗？
   B: 对不起，我的______没电了，______不了。

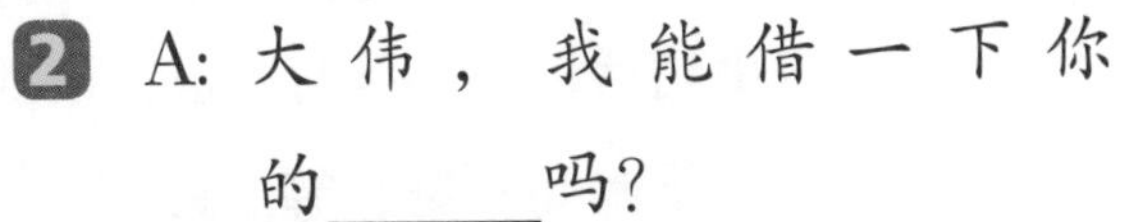

3. A: 周末我们打算去______，你愿意和我们一起去吗？
   B: ______！我周末有事儿，______。

4. 妈妈：小明，你为什么不做作业？
   小明：我的______忘带回家了，______。

5 **Group activity. Work in groups of 4–5 persons, make a plan for spring outgoing, including the time and place for gathering, activity arrangement and the schedule. Then, a student is chosen from each group to announce the plan to the class. At last, let's find out which group has made the best plan.**

小组活动。4~5人一组，设计一个春游计划，包括集合的时间、地点、具体活动以及时间安排等等。最后，每个小组派一名同学和全班说一说，看看哪个小组的计划最好。

春游计划

集合时间	
集合地点	
具体活动	8:00—10:00香山公园爬山

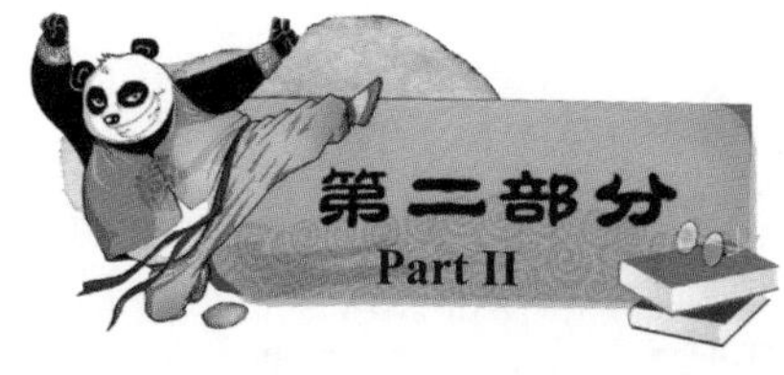

Read the following passage and tell whether the following sentences are true or false.
读一读下面的文章，判断文章后句子的正误。

赵静的老家在中国广东，她和姐姐是在纽约出生的。赵静很外向，活泼。赵静的姐姐跟她不一样，很安静，性格很温柔。不过，她姐姐会武术，喜欢打太极拳。今年暑假，赵静的姐姐要和她的同学们一起去中国两周。他们将参加一个夏令营，八天学习武术，七天旅游。

为了能去中国，赵静的姐姐计划这几个月在一家中国餐馆打工。她爸爸将给她机票钱，她自己挣食宿费。

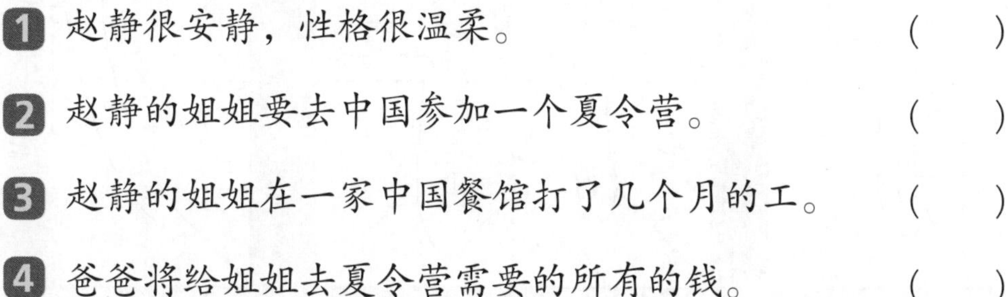

1 赵静很安静，性格很温柔。 (　　)

2 赵静的姐姐要去中国参加一个夏令营。 (　　)

3 赵静的姐姐在一家中国餐馆打了几个月的工。 (　　)

4 爸爸将给姐姐去夏令营需要的所有的钱。 (　　)

词语
Vocabulary

1 广东 Guǎngdōng Guangdong

2 武术 wǔshù martial art

3 太极拳 tàijí quán Taijiquan

4 暑假 shǔjià summer holiday

5 旅游 lǚyóu travel

6 餐馆 cānguǎn restaurant

7 打工 dǎgōng do manual work for living

8 机票 jīpiào air ticket

9 挣 zhèng earn

10 食宿费 shí sù fèi fee for accommodation

Chinese characters.
汉字。

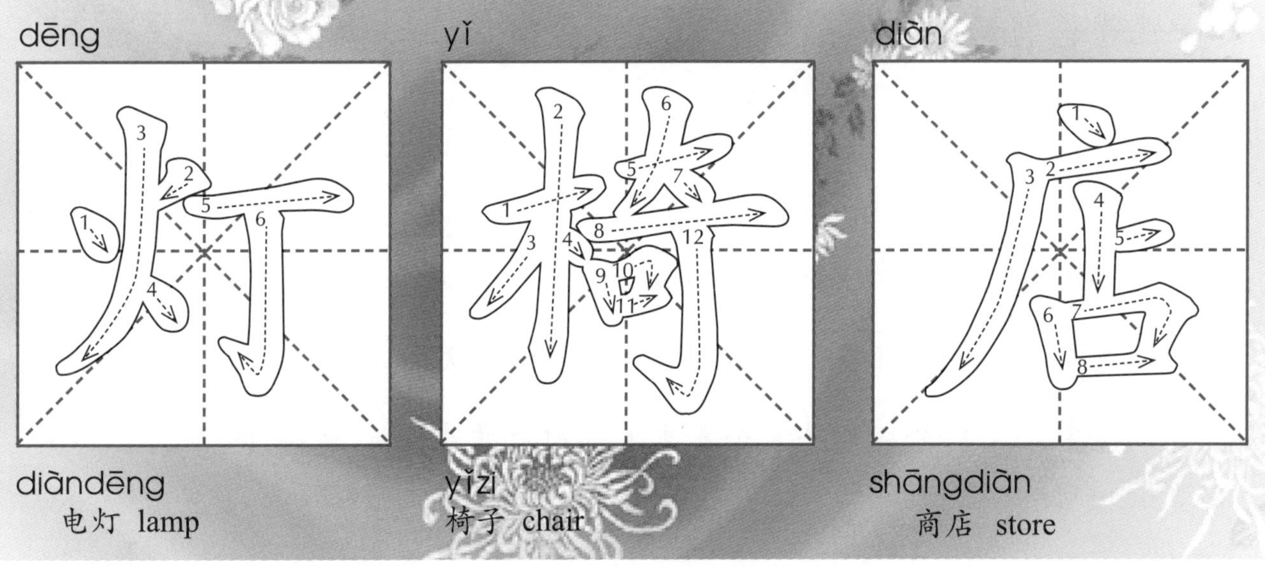

Radical learning.
部首课堂。

Radical 部 首	Meaning 部首含义	Examples 例 字
火	Relating to fire. 和火有关。	dēng 灯 yān 烟 shāo 烧
木	Relating to trees. 和树木有关。	yǐ 椅 lóu 楼 zhí 植
广	Relating to houses. 和房屋有关。	diàn 店 chuáng 床 zuò 座

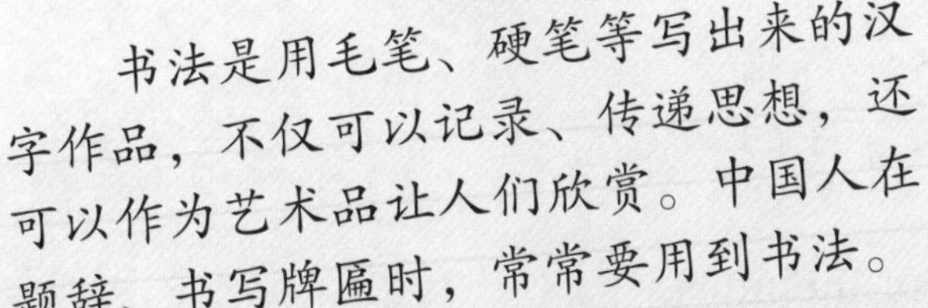

书法是用毛笔、硬笔等写出来的汉字作品，不仅可以记录、传递思想，还可以作为艺术品让人们欣赏。中国人在题辞、书写牌匾时，常常要用到书法。

Calligraphies are works of Chinese characters written with Chinese brushes and pens. They are used not only for recording and passing thoughts but also for artistic appreciation. They are often used in epigraphs and tablets in China.

你在你们国家见过中国的书法作品吗？
Have you seen Chinese calligraphy works in your country?

中国的书法包括楷书、行楷、草书等字体，下面是“汉”字的三种字体，摹仿着写一写。

The Chinese calligraphy includes regular, running and cursive styles. The following character of “汉” is written in the three styles. Try to write by following the examples.

汉（楷书）

汉（行楷）

汉（草书）

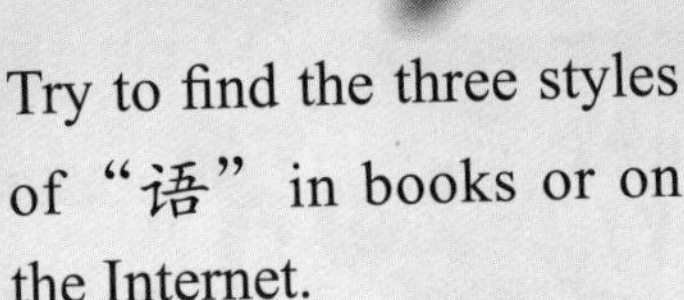

Try to find the three styles of “语” in books or on the Internet.

从书上或者网上找到“语”字的楷书、行楷、草书三种字体。

复习课2 Review 2

1 Take a look and find whether words and expressions in the following are in the table.

找一找，格子里有没有下面列出的词语。

以前　大概　辛苦　后天　感冒　遗憾　旅游　考试

火车　生活　外国　鸡蛋　水果　打算　需要　一直

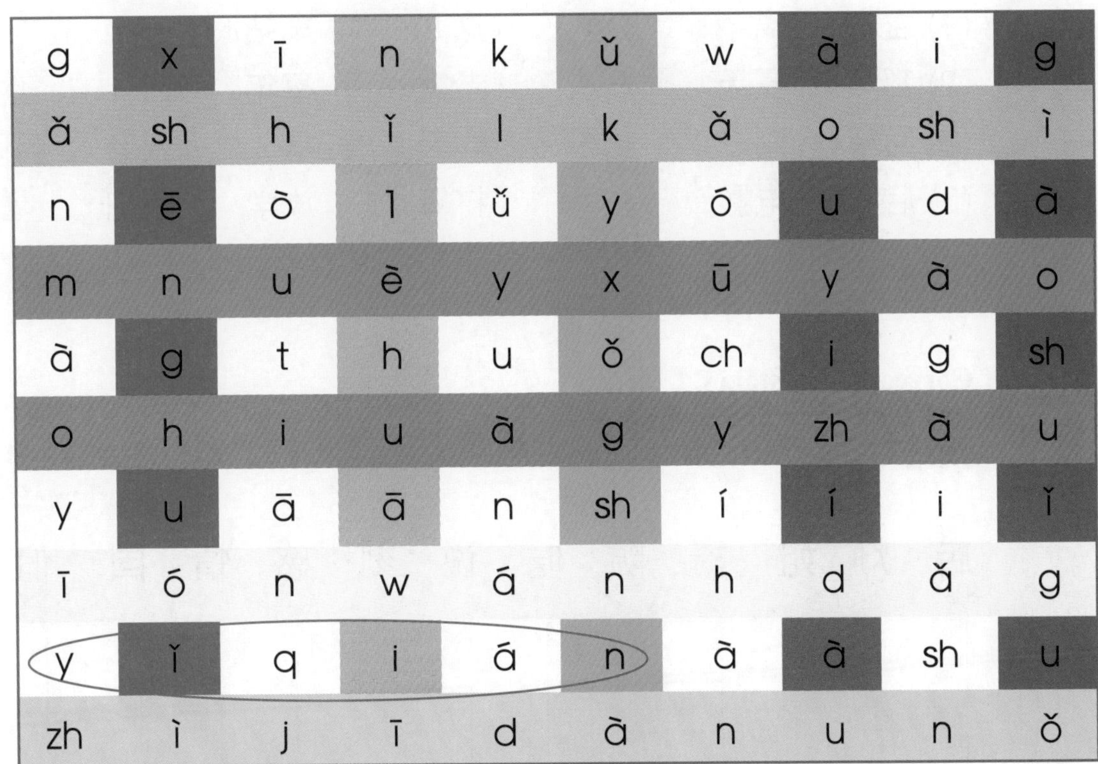

g	x	ī	n	k	ǔ	w	à	i	g
ǎ	sh	h	ǐ	l	k	ǎ	o	sh	ì
n	ē	ò	ī	ǔ	y	ó	u	d	à
m	n	u	è	y	x	ū	y	à	o
à	g	t	h	u	ǒ	ch	i	g	sh
o	h	i	u	à	g	y	zh	à	u
y	u	ā	ā	n	sh	í	í	i	ǐ
ī	ó	n	w	á	n	h	d	ǎ	g
y	ǐ	q	i	á	n	à	à	sh	u
zh	ì	j	ī	d	à	n	u	n	ǒ

2 Complete the sentences with appropriate words and then read them.

选择合适的词填空完成句子，然后读一读。

(1) 学校离我家（　）有十公里。　　A. 左右　　B. 大概

(2) 我们看会儿电视，（　）吧！　　A. 轻松轻松　　B. 轻松

(3) 我的包里有可乐、橙汁，还有一些（　）。 A. 喝的　B. 吃的

(4) 昨天我买了一（　）新眼镜。 A. 双　B. 副

(5) 昨天从八点到十一点我们（　）在上课。 A. 一直　B. 总是

(6) 妈妈（　）从超市回来，买了很多好吃的东西。 A. 最近　B. 刚

(7) 学过的（　）汉字他都会写。 A. 所有　B. 一些

(8) 你的游戏机我忘带来了，明天（　）你好吗？ A. 借　B. 还

3 Put the words in order to make complete sentences.

连词成句。

(1) 左右　离　公里　这儿　车站　一

(2) 都　夏天　一次　老家　每年　回　他

(3) 回来　刚　美国　昨天　从　张老　师

(3) 后　电影　去　打算　放学　我们　看

4 Correct the mistakes.

找错字。

店　灯　姐　椅　防　吃　说　刻　感　情　国　们

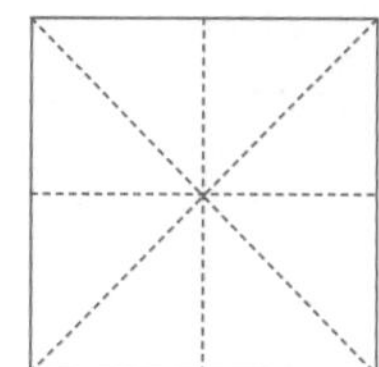 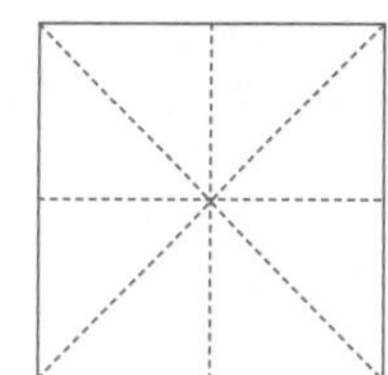 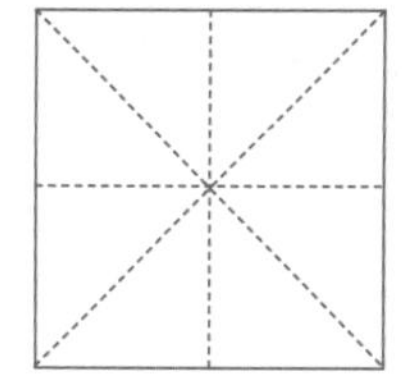 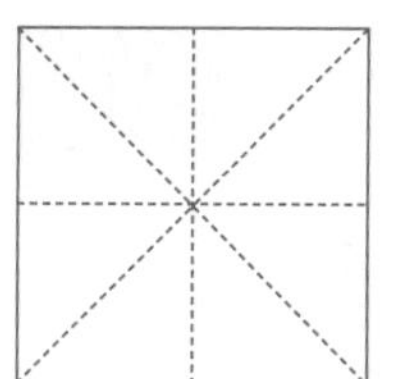

5 Read the following passage and fill in the blanks with proper words.

阅读下面的短文，用所给的词填空。

所有　大概　康复　还　水果　出发

打算　上面　遗憾　生病　公里　刚刚

今天十月四号，是飞飞十二岁的生日。可是上个星期她______了，现在还在医院。飞飞的同学______去医院看她，给她一个生日惊喜（jīngxǐ surprise）。

下午放学后，大家先在礼堂集合然后就______了。因为医院离学校不远，六______左右，坐公共汽车______二十分钟就到了。

飞飞看到同学们，高兴极了！______她还和妈妈说，不能和朋友们一起过生日，真______！现在______的朋友都来了！

大家把准备（zhǔnbèi prepare）好的礼物拿了出来，有______，有棒球帽，还有一个游戏机。游戏机______有一张卡片（kǎpiàn card），写着“祝你早日______！”飞飞说：“王石，这不是你的宝贝吗？谢谢你送给我！”王石觉得很不好意思，慢慢地说：“我……我只想借你玩几天，你的病好了后得______给我。”大家听了哈哈笑，“游戏机真是王石的宝贝啊！”

9

1升汽油6块4毛钱了

Yì shēng qìyóu liù kuài sì máo qián le

Objectives

学习目标

- **Learn to use “……正……呢” to indicate the ongoing event**
  学会使用“……正……呢”表示正在进行的事件
- **Learn to express fear**
  学会表达害怕
- **Learn to express comfort**
  学会表达安慰
- **Learn to use the existential sentence**
  学会使用存现句

Ask yourself

问问你自己

- **Do you often read news on the Internet?**
  你经常上网看新闻吗?
- **Which website do you think offers the best news webpage?**
  你觉得哪个网站的新闻网页最好?
- **Through what channels can you get news other than the Internet?**
  除了网络，还有哪些途径可以了解到新闻?

Look at the following pictures and tell what they are and what their power source is.

看一看下面的图片分别是什么，它们都是以什么为动力的？

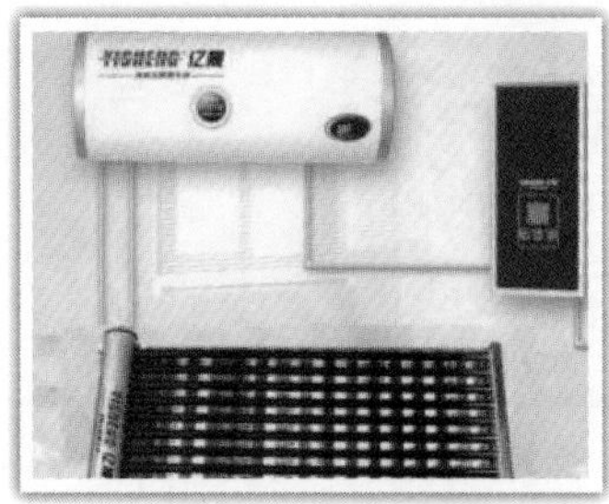

词语 Vocabluray

1	正	zhèng	just, precisely
2	汽油	qìyóu	gasoline
3	涨价	zhǎngjià	rise in price
4	升	shēng	liter
5	块	kuài	yuan
6	毛	máo	jiao
7	敢	gǎn	dare
8	开车	kāichē	drive a car
9	涨	zhǎng	rise
10	担心	dānxīn	worry
11	决定	juédìng	decide
12	上学	shàngxué	go to school

1 Dialogue.
对话。

Answer the following questions according to the dialogue.
根据课文回答问题。

1. 周亮在看什么新闻?
2. 张南的哥哥参加了什么比赛?

与 交谈中

聊天 娱乐 应用 工具

短信 视频 · 语音 · 传文件 邀请 举报

安家丽：干吗呢?
An Jiālì: Gànmá ne?

周　亮：我正上网看新闻呢。北京的汽油又涨价了！1升汽油6块4毛钱了！我给你一个链接，你点击看看。我爸爸都不敢开车上班了。
Zhōu Liàng: Wǒ zhèng shàngwǎng kàn xīnwén ne. Běijīng de qìyóu yòu zhǎngjià le! Yì shēng qìyóu liù kuài sì máo qián le! Wǒ gěi nǐ yí ge liànjiē, nǐ diǎnjī kànkan. Wǒ bàba dōu bù gǎn kāichē shàngbān le.

安家丽：真没想到，汽油价格涨得这么快！两个月前不是已经涨过一次了吗?不过，别担心，你们可以坐公共汽车。
An Jiālì: Zhēn méi xiǎng dào, qìyóu jiàgé zhǎng de zhème kuài! Liǎng ge yuè qián búshì yǐjīng zhǎng guò yí cì le ma? Búguò, bié dānxīn, nǐmen kěyǐ zuò gōnggòng qìchē.

周　亮：我已经决定骑自行车上学了。
Zhōu Liàng: Wǒ yǐjīng juédìng qí zìxíngchē shàngxué le.

与 交谈中

聊天 娱乐 应用 工具

短信 视频 语音 传文件 邀请 举报 快上你的QQ找找看!

张 南：看见了吗？桌上是变形金刚。最新的！是我哥哥给我的。
Zhāng Nán: Kànjiàn le ma? Zhuō shang shì biànxíng jīngāng. Zuì xīn de! Shì wǒ gēge gěi wǒ de.

周 亮：看不清。我看见墙上挂着一张照片。照片上是赛车手吗？
Zhōu Liàng: Kàn bù qīng. Wǒ kànjiàn qiáng shang guà zhe yì zhāng zhàopiàn. Zhàopiàn shang shì sàichē shǒu ma?

张 南：不是，那是我哥哥。他参加了一个太阳能汽车比赛，他是那个比赛的第一名！
Zhāng Nán: Bú shì, nà shì wǒ gēge. Tā cānjiā le yí ge tàiyángnéng qìchē bǐsài, tā shì nàge bǐsài de dìyī míng!

周 亮：你哥哥真棒！石油越来越少了，也许将来大家都会开这样的车。
Zhōu Liàng: Nǐ gēge zhēn bàng! Shíyóu yuè lái yuè shǎo le, yěxǔ jiānglái dàjiā dōu huì kāi zhèyàng de chē.

Listen to the recording and draw lines.
听录音，连一连。

小美

汤姆

飞飞

张南

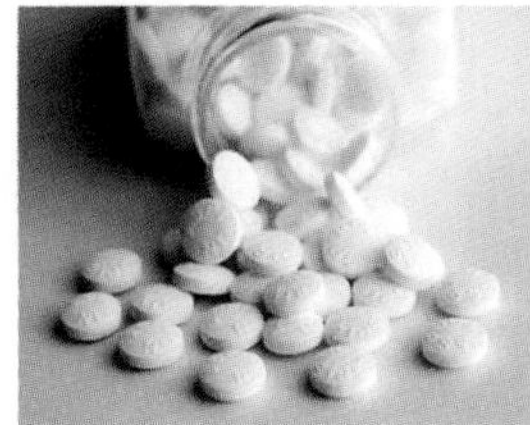

Follow the example and write sentences.
仿照例子，写句子。

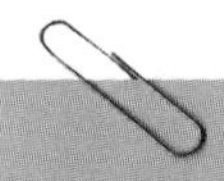

例 <u>桌子上</u> <u>放</u> 着 <u>三本书</u>。

______________________________。　　______________________________。

________________。　　________________。

4 **Listen to the recording, complete the price list of the market and tell whose price has risen.**

听录音，完成超市的价格表，说一说哪些东西涨价了。

11月7日

葡萄：500克______元

香蕉：4.20元/______

木瓜：一斤七块

洗发水：____块____毛

外套：340元

铅笔：__毛一支（zhī a unit noun used together with pencils, pens, etc.）

鞋：______元

11月8日

葡萄：一千克______元

香蕉：500克2.6元

木瓜：______6.4块

洗发水：______块八毛

外套：______元

铅笔：一块__毛两支

鞋：______元

5 **Group activity. In the following is the description of a day of Li Ming. Work in pairs to arrange the pictures in the proper order and tell what he is doing by following the example.**

小组活动。下面是李明的一天，两人一组，给图片排序，然后仿照例句说一说他在做什么。

例 A：七点 李明在 干吗呢/做什么呢？

B：他正 刷牙 呢。

Read the following news and answer the questions.

读下面的新闻，回答问题。

矿工与女大学生网恋不愿分手将其6刀砍死_新闻中心_新浪网

http://news.sina.com.cn/s/2008-12-07/102516799418.shtml

sina 新闻中心　新闻中心 > 社会 > 正文

蔬菜水果价格微降(wēijiàng slightly reduced)汽油价格上涨

张明生　王丽

本报讯（记者　张明生　王丽）昨日，爱民小区公布了价格调查结果：蔬菜水果价格微降，汽油价格上涨。

调查的五种水果有香蕉、柚子、苹果、菠萝和橙子。除菠萝和柚子外，其它三种水果价格都有下降，最高的降了五毛钱。因为天气变暖，蔬菜价格大多都下降了。

汽油价格与上周比涨了10%，上周是每升5.8元，本周是每升6.4元。

1. 爱民小区调查了几种水果的价格？哪些水果价格下降了？
2. 蔬菜价格为什么会下降？
3. 一个星期汽油价格涨了多少？

Read the following passage and fill in the blanks according to the English hints.
读下面的短文，根据英语提示填空。

因为大海上可能同时有几个台风，所以，很多年前，美国给________（each）个台风取了不同的名字。最早，台风的名字都是________（girl）的。1979年后，台风有了男孩的名字。现在，14个________（countries）和地区一起为台风取了140个名字。台风也有中文名字。________（For example）杜鹃，这是一种________（bird）的名字。如果一个台风给我们带来的灾害太大，我们就将不再用它的名字。2005年第19号台风“龙王”就是这样一个台风。

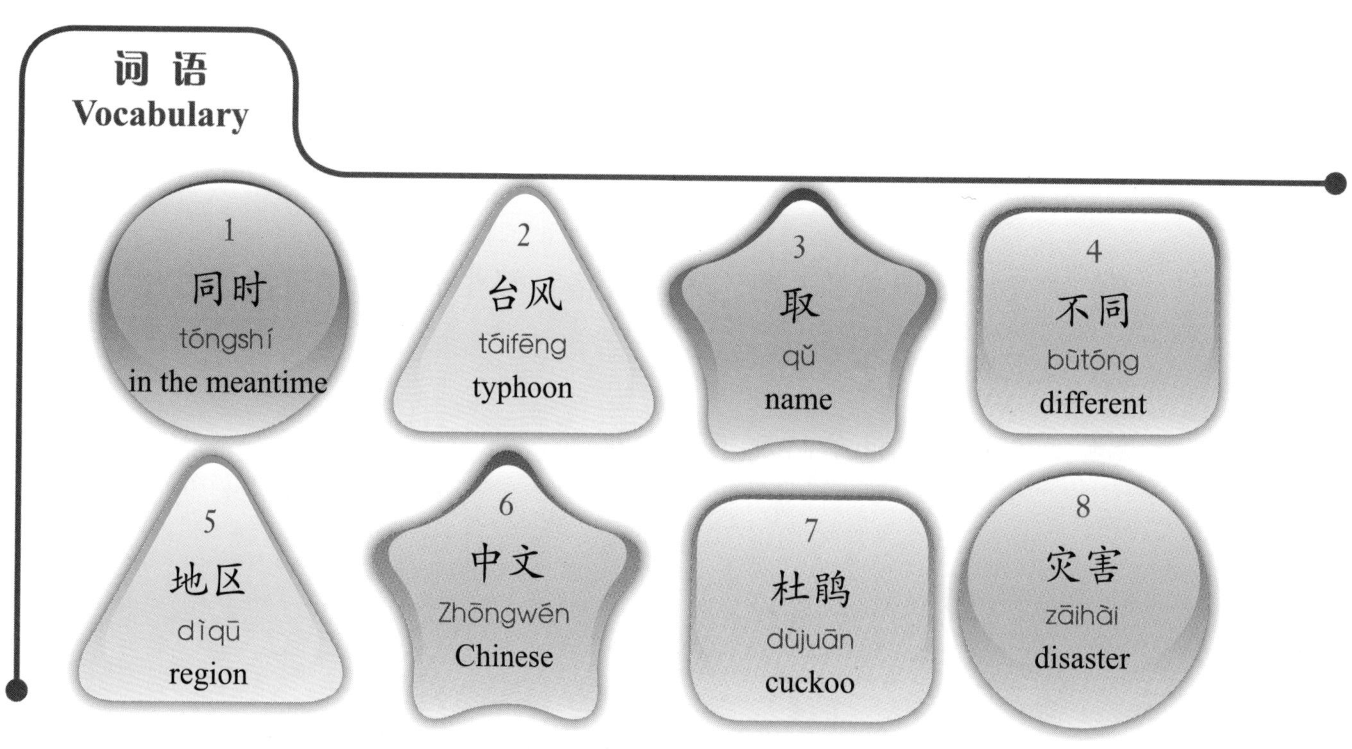

Chinese characters.
汉字。

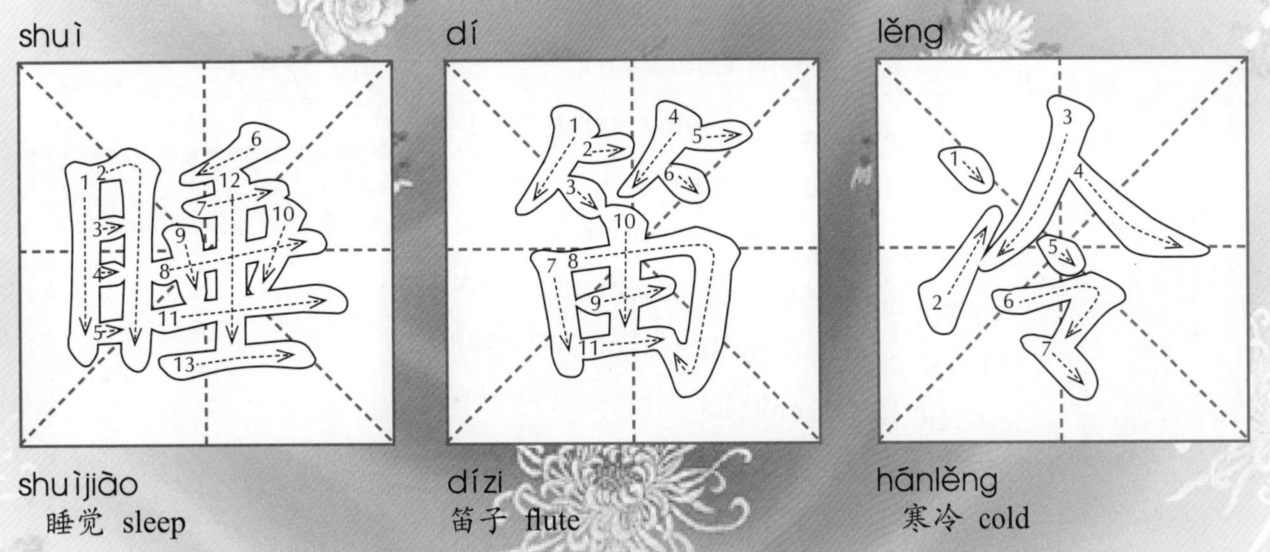

Radical learning.
部首课堂。

Radical 部首	Meaning 部首含义	Examples 例字
目	Relating to eyes. 和眼睛有关。	shuì yǎn jīng 睡 眼 睛
⺮	Relating to bamboo. 和竹子有关。	dí bǐ suàn 笛 笔 算
冫	Relating to coldness. 和冷有关。	lěng bīng liáng 冷 冰 凉

如果有人问，在中国什么车每家都有？那一定是自行车。和美国不一样，在中国的大街上随处都可见骑自行车的人。虽然现在有汽车的人越来越多，但自行车仍是中国人常用的一种交通工具，中学生常常骑自行车去上学。

If someone asks what vehicle can be found in every family in China, the answer must be the bike. Unlike the situation in the US, people riding bikes are found everywhere in the street. Although less and less people have bikes, they are still the most frequently-used means of transportation. Middle school students often go to school by bike.

你骑过自行车吗？你常常怎么去上学？

Have you ever riden a bike? How do you usually go to school?

	热门事件	新闻
时间		
地点		
人物		
事件		
结果		

What has been the hottest news recently? What news is related to China? Try to give the answer in Chinese.

最近最热门的事是什么？与中国有关的新闻有哪些？试着用汉语和同学说说。

10

你还在听课文的CD?

Nǐ hái zài tīng kèwén de CD?

Objectives
学习目标

- **Learn to use “还”, a time adverb**
  学会使用时间副词“还”
- **Know the difference between “再” and “又”**
  了解“再”和“又”的区别
- **Learn to express surprise**
  学会表达意外
- **Learn to express regret**
  学会表达惋惜

Ask yourself
问问你自己

- **How long have you learnt Chinese?**
  你学了多长时间的汉语?
- **What is the most difficult in learning Chinese? What is the most interesting?**
  你觉得学汉语最难的是什么？最有意思的地方呢?
- **Do you think Chinese characters are important?**
  你觉得汉字重要吗?

In the following is the oldest form of Chinese characters—inscriptions on bones or tortoise shells of the Shang Dynasty. Can you guess what they refer to in the current Chinese? Try to draw lines.

下面是中国最古老的汉字——甲骨文，你能猜出来它们是现在的哪些汉字吗？试着连一连。

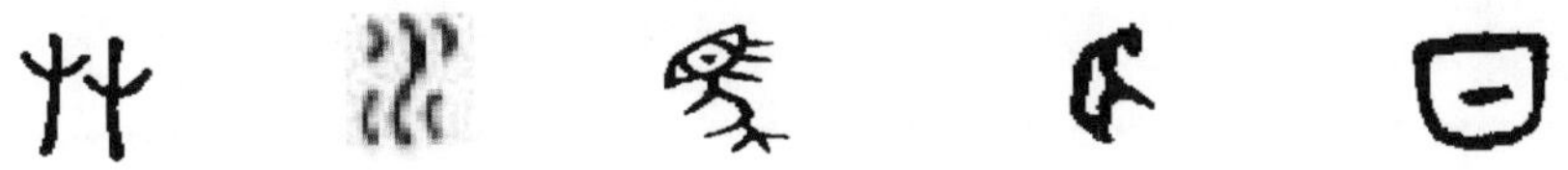

马　　草　　日　　耳　　水

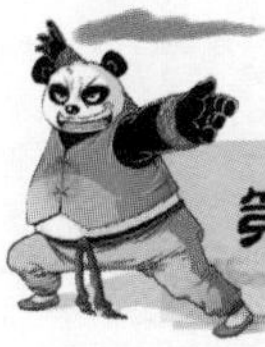

第一部分 Part I

词语 Vocabulary

1	钥匙	yàoshi	key
2	丢	diū	lose
3	课文	kèwén	text
4	对话	duìhuà	dialogue
5	发音	fāyīn	pronunciation
6	普通话	pǔtōnghuà	mandarin
7	儿化音	érhuà yīn	er sound
8	有意思	yǒu yìsi	interesting
9	昨晚	zuówǎn	last night
10	奥运会	Àoyùnhuì	Olympic Games
11	开幕式	kāimù shì	opening ceremony
12	往	wǎng	toward
13	进	jìn	forward

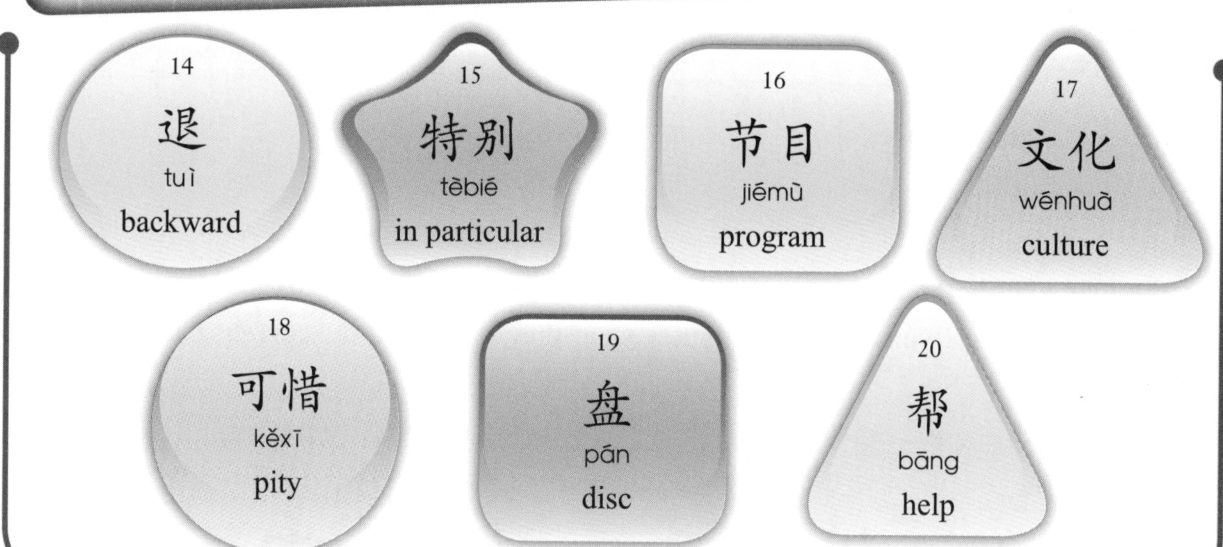

1 Dialogue.
对话。

Answer the following questions according to the dialogue.
根据课文回答问题。

1. 马克觉得学汉语最难的是什么?
2. 李文为什么看了很多遍《2008奥运会开幕式》?

艾伦: 你怎么回来了?
Àilún: Nǐ zěnme huílái le?

马克: 我把钥匙丢了, 正找呢! 你还在听课文的CD?!
Mǎkè: Wǒ bǎ yàoshi diū le, zhèng zhǎo ne! Nǐ hái zài tīng kèwén de CD?!

艾伦: 对, 明天考试, 我想再听听新课文的对话。你觉得学汉语最难的是什么? 是发音, 还是汉字?
Àilún: Duì, míngtiān kǎoshì, wǒ xiǎng zài tīngting xīn kèwén de duìhuà. Nǐ juéde xué Hànyǔ zuì nán de shì shénme? Shì fāyīn, háishi Hànzì?

马克: 都不难, 我觉得最难的是普通话里的儿化音。
Mǎkè: Dōu bù nán, wǒ juéde zuì nán de shì pǔtōnghuà lǐ de érhuà yīn.

艾伦: 真的吗? 我觉得那是最有意思的地方啊! 儿化音儿。
Àilún: Zhēn de ma? Wǒ juéde nà shì zuì yǒu yìsi de dìfang a! Érhuà yīnr.

李文: 昨晚, 我正在看《2008奥运会开幕式》, DVD坏了, 不能往前进, 也不能往后退。
Lǐ Wén: Zuówǎn, wǒ zhèngzài kàn《2008 Àoyùnhuì Kāimù Shì》, DVD huài le, bù néng wǎng qián jìn, yě bù néng wǎng hòu tuì.

亮亮：什么，你又看了一遍？你好像已经看了好多遍了啊！
Liàngliàng: Shénme, nǐ yòu kànle yí biàn? Nǐ hǎoxiàng yǐjīng kànle hǎoduō biàn le a!

李文：我特别喜欢开幕式中的那个汉字节目。在中国文化中，汉字非常重要，可惜，DVD坏了。
Lǐ Wén: Wǒ tèbié xǐhuan kāimù shì zhōng de nàge Hànzì jiémù. Zài Zhōngguó wénhuà zhōng, Hànzì fēicháng zhòngyào, kěxī, DVD huài le.

亮亮：真可惜！要不，你把盘给我吧，我帮你再看一遍。
Liàngliàng: Zhēn kěxī! Yàobù, nǐ bǎ pán gěi wǒ ba, wǒ bāng nǐ zài kàn yí biàn.

Listen to the recording and choose the sentences with the closest meaning to what you hear.
听录音，选出和听到的内容意思相近的句子。

1. 亮亮很喜欢看书。 亮亮对书法很有兴趣。
2. 这个电影大伟看过两遍。 大伟的爸爸觉得这个电影很有意思。
3. 艾伦觉得发音比汉字难。 艾伦觉得汉字比发音难。
4. 我送给了爷爷一个生日礼物。 我的棒球帽丢了。

3 Work in pairs. Complete the following sentences by following the example.
两人一组，仿照例句完成下面的句子。

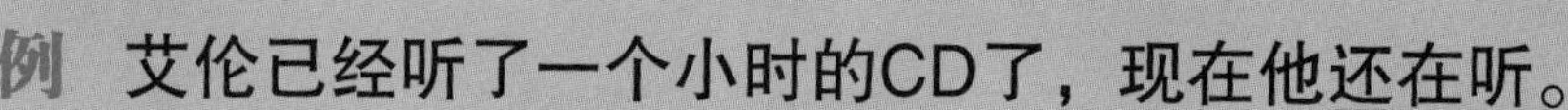
例　艾伦已经听了一个小时的CD了，现在他<u>还</u>在听。

1. 我们等一会儿再走吧，外面__________。

2. 今天作业很多，已经____了，马丽______________。

3. 妈妈：大伟，已经晚上十点了，你怎么______________？
大伟：妈妈，我再看十分钟，马上去睡觉，好吗？

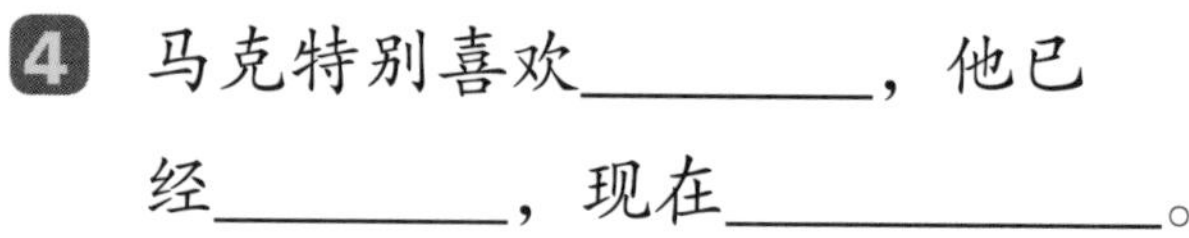
4. 马克特别喜欢________，他已经________，现在____________。

Read the following sentences and fill in the blanks with “再” or “又”.
读一读下面的句子，用“再”或“又”填空。

1. 对不起，我没听清楚，你可以____说一遍吗？
2. 赵红觉得去年的汉语夏令营特别棒，今年她____参加了一次。
3. 这本书太有意思了，上星期我____看了一遍。
4. 这种太阳镜很好，李明决定____买一副送给弟弟。
5. 我的手机____没电了，你的____借给我一次，好吗？

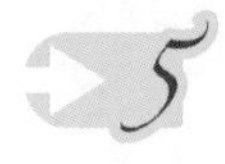

Class game—draw a nose. Give orders to help the student before the blackboard add a nose to the smiling face.
全班游戏——画鼻子。说口令，帮助黑板前的同学给笑脸画鼻子。

Read the following passage and answer the following questions.
阅读下面的文章，回答问题。

一个国家有时候会借别的国家的语言，就像一个同学借别的同学的书一样。英语借给汉语很多很多词，比如，家里用的“沙发”；唱歌用的“麦克风”、“吉他”；喝的“可口可乐”等。现在，有些英文缩写已经是汉语词啦，比如，CD、DVD、DNA、OK、UFO、T恤、MTV等等。当然，汉语也把很多词借给了英语，比如Taijiquan、Kongfu、Ni Hao。还有，2008奥运会后，很多人会说“Jiayou！”了。

你借给我，我借给你，大家越来越像一家人了！

1. 英语借给了汉语哪些词？
2. 为什么现在很多人都会说“Jiayou”了？
3. 为什么说“大家越来越像一家人了”？

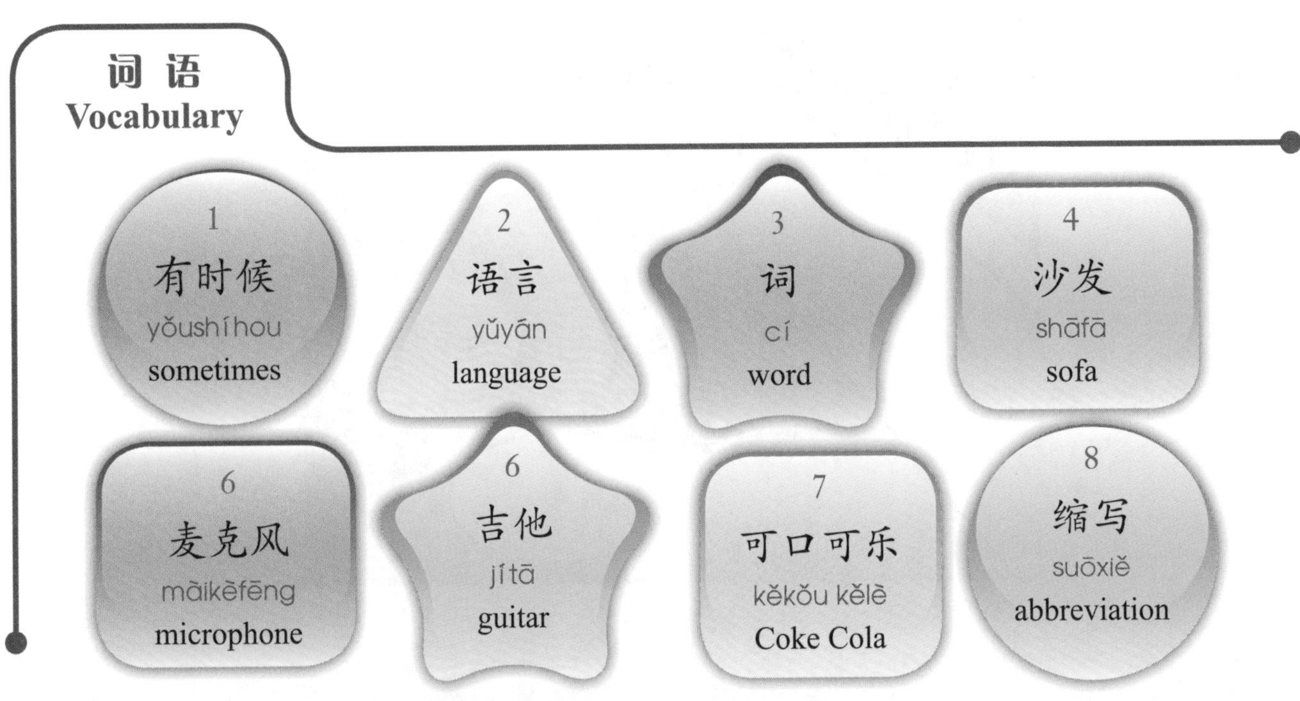

Chinese characters.

汉字。

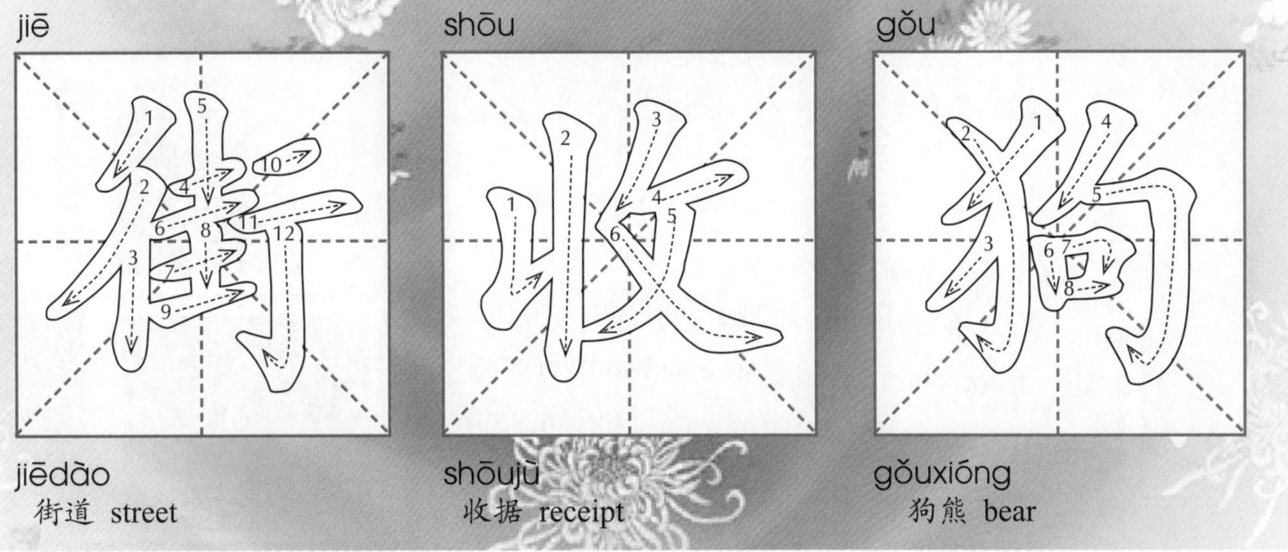

Radical learning.

部首课堂。

Radical 部首	Meaning 部首含义	Examples 例字
彳	Relating to the road. 和路有关。	jiē 街 xíng 行 wǎng 往
攵	Relating to hand movements. 和手的动作有关。	shōu 收 fàng 放 jiào 教
犭	Relating to animals. 和动物有关。	gǒu 狗 māo 猫 láng 狼

体验中国
Experiencing China

中国是"陶瓷的故乡",中国的陶瓷很早在西方就很有名。陶瓷有很多种,有用于日常生活的陶瓷,有专门让人欣赏的艺术陶瓷,还有用于工业生产的工业陶瓷。现在,中国的很多城市有自制陶瓷吧,可以在里边自己制作陶瓷。

China is the "hometown of porcelains". China's porcelains were famous in the West in early times. There are many types of porcelains. Some are used in everyday life, some for artistic appreciation, and others are industrial porcelains. Now, there are porcelain DIY bars in many cities of China, where one can make porcelains by himself or herself.

你听过《青花瓷》这首歌吗?
Have you heard the song of "Blue and White Porcelain"?

在你们国家的语言中，有没有来自汉语的词汇？它们的汉字怎么写？把你知道的与同学们分享一下。

Are there any words borrowed from Chinese in your language? How are these Chinese characters spelt? Share with your classmates what you know about these.

	外来词 loan words	汉字	相似点 similarity
1			□读音□意义
2			□读音□意义
3			□读音□意义
4			□读音□意义
5			□读音□意义

Make a vocabulary of borrowed words, see words of which types are borrowed in the largest quantity and think about why.

制作一张外来词语的词汇表，看一看哪些方面的词“借”来得最多，想一想为什么？

11

看这种书就该听摇滚乐

Kàn zhè zhǒng shū jiù gāi tīng yáogǔnyuè

Objectives
学习目标

- **Learn to use “就” and “才”**
  学会使用“就”和“才”
- **Learn to express apologies and forgiveness**
  学会表达道歉和原谅
- **Learn to give directions**
  学会指路

Ask yourself
问问你自己

- **Do you like reading novels? Which type of novels do you like?**
  你喜欢看小说吗？喜欢哪一种小说？
- **Have you watched science fictions or movies?**
  你看过科幻小说或电影吗？
- **Can you tell one or two titles of science fictions you know?**
  你能说出一两个你知道的科幻小说的名字吗？

Which in the following are science fictions and which are not? Tell which book you have read.
看看下面哪些是科幻小说，哪些不是。说一说你看过其中的哪本小说？

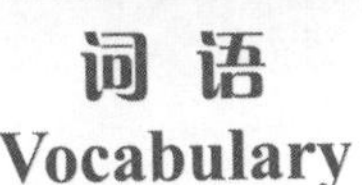

词语 Vocabulary

1. 吵 chǎo noisy
2. 摇滚乐 yáogǔnyuè rock music
3. 科幻 kēhuàn science fiction
4. 小说 xiǎoshuō novel
5. 战争 zhànzhēng war
6. 故事 gùshi story
7. 作曲家 zuòqǔjiā composer
8. 不好意思 bù hǎo yìsi excuse me
9. 存储卡 cúnchǔ kǎ memory card
10. 算了 suàn le let it go
11. 下次 xià cì next time
12. 注意 zhùyì pay attention
13. 摄影 shèyǐng photography
14. 数码相机 shùmǎ xiàngjī digital camera

15	16	17	18	19
电池	粗心大意	向	校门	没准儿
diànchí	cūxīn dàyì	xiàng	xiào mén	méizhǔnr
battery	careless	toward	school gate	maybe

1 Dialogue.
对话。

马克：你的耳机太吵了，我都听见了。
Mǎkè: Nǐ de ěrjī tài chǎo le, wǒ dōu tīngjiàn le.
你怎么一边看书，一边听摇滚乐啊？
Nǐ zěnme yìbiān kànshū, yìbiān tīng yáogǔnyuè a?

艾伦：这是一本科幻小说，战争的故事。看这种书就该听摇滚乐。
Àilún: Zhè shì yì běn kēhuàn xiǎoshuō, zhànzhēng de gùshi. Kàn zhè zhǒng shū jiù gāi tīng yáogǔnyuè.

马克：明白了。学习《体验汉语》的时候，你就该听二胡、竹笛和唢呐了。我觉得，你将来可以做一个电影音乐作曲家。
Mǎkè: Míngbai le. Xuéxí 《Tǐyàn Hànyǔ》 de shíhou, nǐ jiù gāi tīng èrhú, zhú dí hé suǒnà le. Wǒ juéde, nǐ jiānglái kěyǐ zuò yí ge diànyǐng yīnyuè zuòqǔjiā.

艾伦：你才知道啊？！我就是这样打算的。
Àilún: Nǐ cái zhīdao a?! Wǒ jiùshì zhèyàng dǎsuàn de.

王老师：你怎么才来？都几点了！
Wáng lǎoshī: Nǐ zěnme cái lái? Dōu jǐ diǎn le!

张南：真不好意思。我今天6点就起床了，可是，我把存储卡丢了，又去买了一个新的。
Zhāng Nán: Zhēn bù hǎo yìsi. Wǒ jīntiān liù diǎn jiù qǐchuáng le, kěshì, wǒ bǎ cúnchǔ kǎ diū le, yòu qù mǎi le yí ge xīn de.

Answer the following questions according to the dialogue.
根据课文回答问题。

1. 艾伦打算将来做什么？
2. 王老师为什么说张南“真够粗心大意的”？

王老师：算了，下次注意。大家请注意，摄影课马上就开始，请取出你们的数码相机。
Wáng lǎoshī: Suàn le, xià cì zhùyì. Dàjiā qǐng zhùyì, shèyǐng kè mǎshàng jiù kāishǐ, qǐng qǔ chū nǐmen de shùmǎ xiàngjī.

张南：哎呀，糟糕，我把电池忘在家里了！
Zhāng Nán: Āiyā, zāogāo, wǒ bǎ diànchí wàng zài jiā li le!

王老师：真够粗心大意的。你一直向北走，出了校门，有一个超市，没准儿能买到你那种电池。
Wáng lǎoshī: Zhēn gòu cūxīn dàyì de. Nǐ yìzhí xiàng běi zǒu, chū le xiàomén, yǒu yí ge chāoshì, méizhǔnr néng mǎi dào nǐ nà zhǒng diànchí.

2 Listen to the recording and choose the right pictures.
听录音，选择正确的图片。

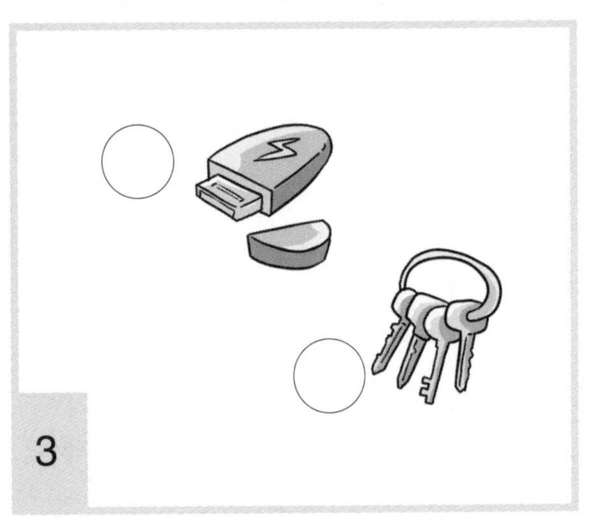

3 Work in pairs, follow the example and complete the sentences according to the pictures.
两个一组，仿照例句，看图完成下面的句子。

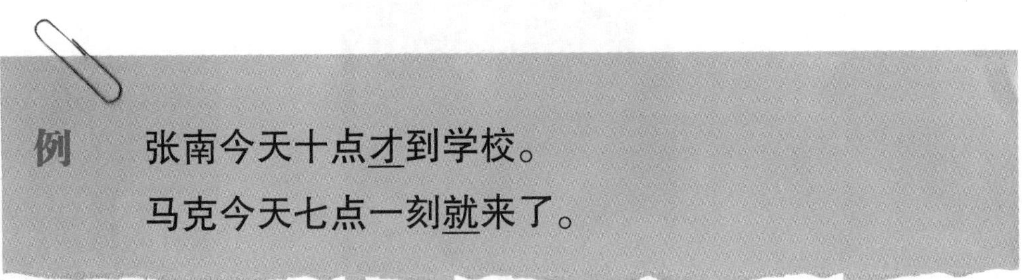

例 张南今天十点才到学校。
马克今天七点一刻就来了。

1 李明昨天睡得很晚，今天________。

2 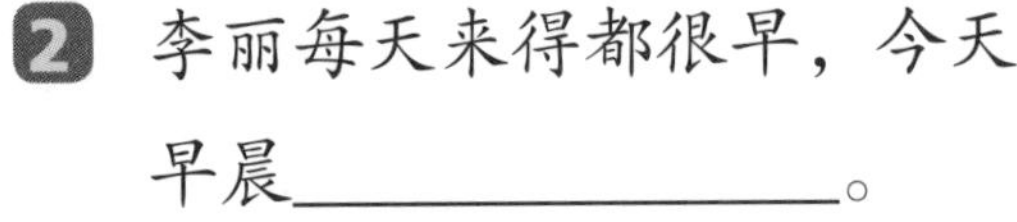
李丽每天来得都很早，今天早晨________。

3 今天作业不多，从________到________，一个小时________。

4 今天我们去________，因为离这儿很远，我们早晨________出发了。

4 **Fill in the blanks with the words and expressions provided in the box.**
选词填空。

不好意思	完	从……到……	注意	就
在……上……	粗心大意	把	摇滚乐	

今天下午没有课，亮亮五点____到家了。吃____晚饭，亮亮听了一会儿______就去写作业了。因为作业不多，____七点____八点二十，只用了一个多小时，亮亮就做完了。亮亮________作业给妈妈看。妈妈看了哈哈笑，说：“你什么时候喜欢吃毛毛虫了（máomaochóng caterpillar）？”亮亮看了一下儿，觉得很_______。原来（yuánlái it turns out that），他的作业里写着：今天下午_________操场______我看到了很多毛毛虫，我大吃一斤。妈妈说：“应该是‘大吃一惊’（dà chī yì jīng a big surprise）吧！下次你要_______了，别再这样_______________了。”

Group activity. Work in pairs, look at the following map, listen to your partner's description and find out where Mali goes.

小组活动。两人一组，看下面的地图，听同伴的描述，看看马丽走到了哪儿？

往前进

往后退

一直（向……）走

往左转（zhuǎn turn）

往右转

Group performance. Work in groups of 3–4 persons, create a mini play and try to use the following sentences.

小组表演。3~4人一组，编排一个小话剧，注意使用下面的句子。

对不起！

真抱歉（bàoqiàn sorry）！

不好意思！

没关系！

下次注意！

算了！

没事儿！

不要紧（búyàojǐn it doesn't matter）！

参考情景：

1. A上课迟到。
2. A和B拿错了书包。
3. A弄坏了爸爸的数码相机。

Listen to the recording, read after it and learn to recite the following poems of the Tang Dynasty.
听录音，跟读并学会背诵下面的唐诗。

咏 鹅

鹅、鹅、鹅，
曲 项 向 天 歌。
白 毛 浮 绿 水，
红 掌 拨 清 波。

Yǒng É

É, é, é,
Qū xiàng xiàng tiān gē.
Bái máo fú lǜ shuǐ,
Hóng zhǎng bō qīng bō.

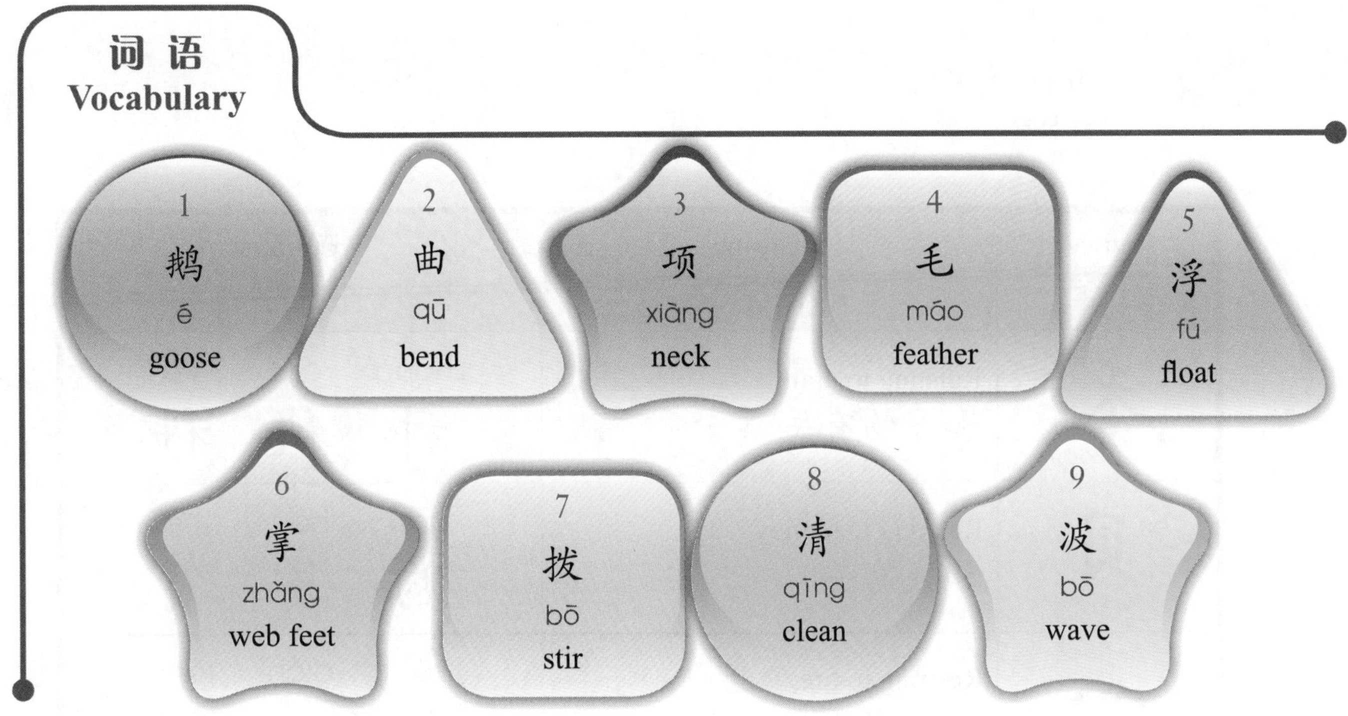

Chinese characters.
汉字。

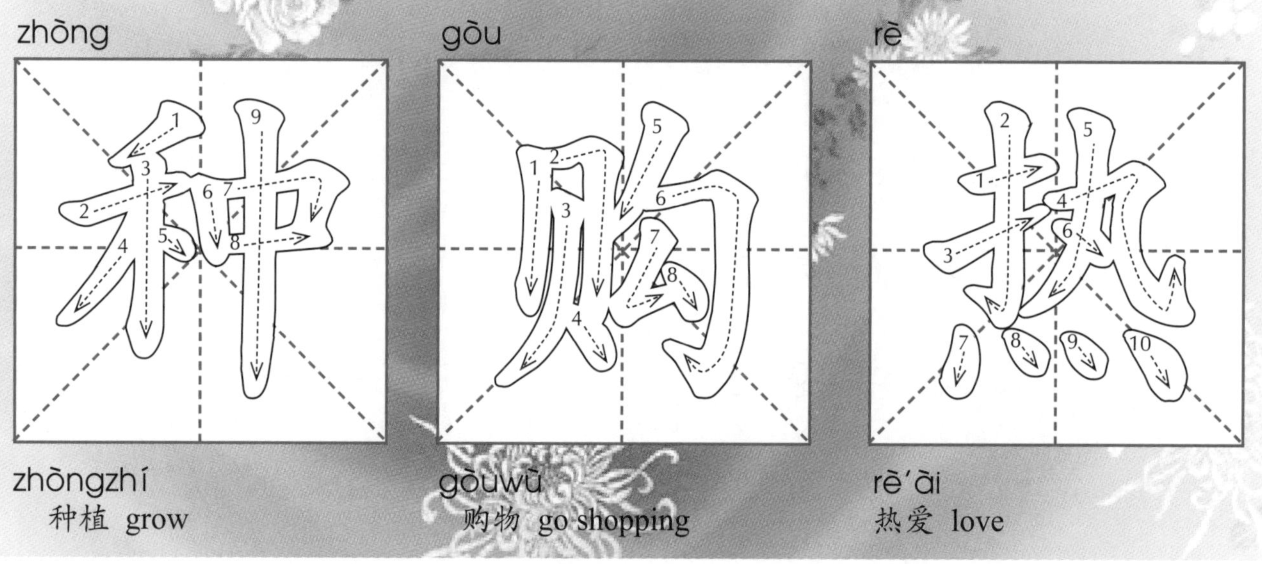

Radical learning.
部首课堂。

Radical 部首	Meaning 部首含义	Examples 例字
禾	Relating to grain. 和谷物有关。	zhòng 种　qiū 秋　kē 科
贝	Relating to money. 和钱有关。	gòu 购　huò 货　hè 贺
灬	Relating to fire. 和火有关。	rè 热　diǎn 点　rán 然

体验中国
Experiencing China

这一课对话中提到的二胡、竹笛、唢呐都是中国民族乐器，用它们能演奏出非常好听的音乐。有人说，民族乐器和人一样，也是有性格的。比如，二胡适合比较哀伤或奔放的曲子；竹笛常常用来表现清晨树林里小鸟的歌唱；而唢呐比较特别，高兴的、悲伤的都可以演奏。

Erhu, bamboo pipe and suona horn mentioned in the dialogue of this lesson are traditional folk musical instruments in China. It is said that folk musical instruments, like human beings, have their own characteristics. For example, erhu is appropriate for sad or unrestrained tunes, and bamboo pipe for the singing by birds in the woods in the morning. Suona horn is quite special because they are used for both happy and sad tunes.

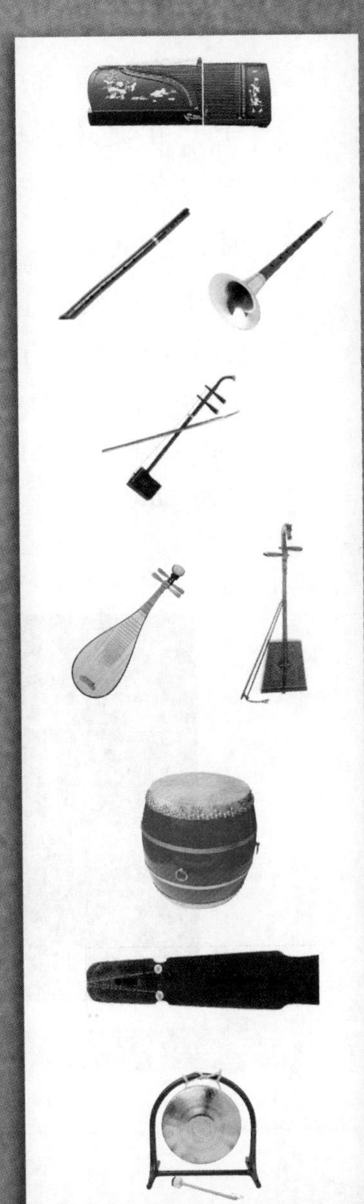

你听过中国民族乐器演奏的乐曲吗？你们国家有什么民间乐器？

Have you heard music played by traditional Chinese folk musical instruments? What folk musical instruments are there in your country?

汉语社区 Chinese community

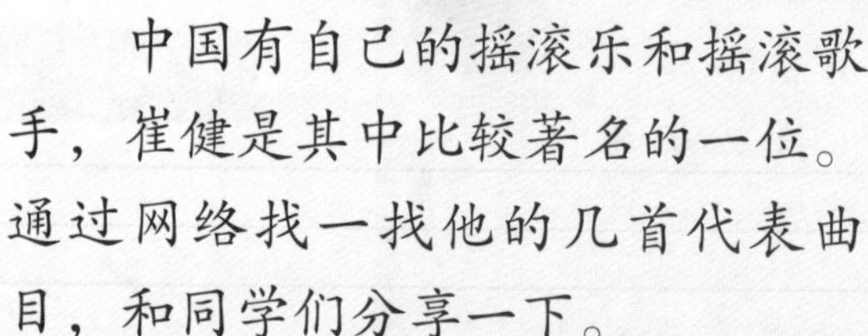

中国有自己的摇滚乐和摇滚歌手，崔健是其中比较著名的一位。通过网络找一找他的几首代表曲目，和同学们分享一下。

China has its own rock music and rock singers, Cuijian is a famous one among them. Try to find a few typical songs of his and share them with your classmates.

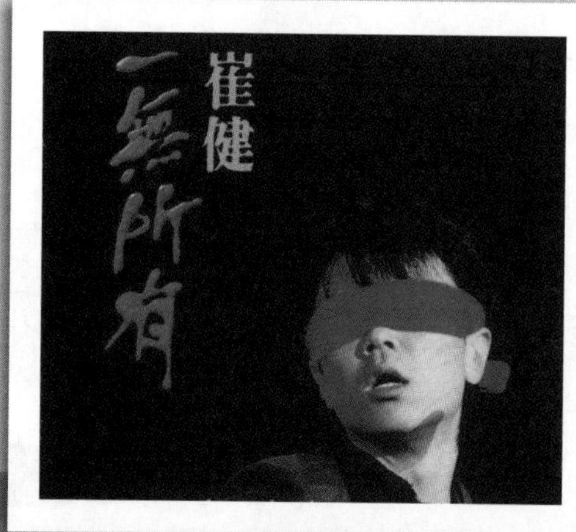

What other rock stars do you know in China? How about the rock stars in your country? Make a comparison and find out the differences between the rock music in China and that in your country.

中国还有哪些摇滚歌星？你们国家呢？比较一下，中国的摇滚乐和你们国家的摇滚乐有什么不同？

太阳快要落山了，我再拍一张照片就睡觉
Tàiyáng kuài yào luò shān le, wǒ zài pāi yì zhāng zhàopiàn jiù shuìjiào

Objectives 学习目标

- Learn to use "该……了"
  学会使用"该……了"
- Learn to use "就/快要……了" to indicate the event that is about to happen
  学会使用"就/快要……了"表示将要发生的事件
- Learn to express sympathy
  学会表达同情
- Learn to use "一定（不）要……" to indicate demands
  学会使用"一定（不）要……"表示要求

Ask yourself 问问你自己

- What environmental problems are there in your city?
  你生活的城市有哪些环境问题？
- What are the causes of these environmental problems?
  造成这些环境问题的原因有哪些？
- How can these problems be solved or mitigated?
  如何解决或缓解这些环境问题？

After seeing the following pictures, tell which are harmful to the environment and which are beneficial. Give your reasons.

看一看下面的图片，哪些对环境有害，哪些对环境有益？说说你的理由。

14	15	16	17	18
融化	奇怪	关系	植树	青海
rónghuà	qíguài	guānxì	zhíshù	Qīnghǎi
melt	strange	relationship	plant trees	Qinghai (a province in China)

Dialogue.
对话。

甲：这顿饭吃得真香啊！该休息了。明天我们就要回家了。
jiǎ: Zhē dùn fàn chī de zhēn xiāng a! Gāi xiūxi le. Míngtiān wǒmen jiù yào huíjiā le.

乙：我再看一会儿地球。从太空看地球，真美啊！太阳快要落山了，我再拍一张照片就睡觉。
yǐ: Wǒ zài kàn yíhuìr dìqiú. Cóng tàikōng kàn dìqiú, zhēn měi a! Tàiyáng kuài yào luò shān le, wǒ zài pāi yì zhāng zhàopiàn jiù shuìjiào.

Answer the following questions according to the dialogue.
根据课文回答问题。

1. 第一个对话发生(fāshēng happen)在哪儿?
2. 北极熊为什么从一块冰往另一块冰上跳?
3. 用太阳能有哪些好处(hǎochù benefit)?

妹妹：哥哥，你快看这张照片！一头北极熊从一块冰往另一块冰上跳。
mēimei: Gēge, nǐ kuài kàn zhē zhāng zhàopiàn! Yìtóu běijíxióng cóng yí kuài bīng wǎng lìng yí kuài bīng shàng tiào.

哥哥：好可怜啊！空气污染了，水也污染了。地球正在变暖，北极的冰一直在融化，奇怪的天气也越来越多。
gēge: Hǎo kělián a! Kōngqì wūrǎn le, shuǐ yě wūrǎn le. Dìqiú zhèngzài biàn nuǎn, běijí de bīng yìzhí zài rónghuà, qíguài de tiānqì yě yuè lái yuè duō.

爸爸：我们一定不要忘了，这和我们大家都有关系。
bāba: Wǒmen yídìng búyào wàng le, zhè hé wǒmen dàjiā dōu yǒu guānxì.

妹妹：哥，冬天 就要 过去了，春天 我们 跟 爷爷奶奶一起 去 中国 西北 植树吧？
mèimei: Gē, dōngtiān jiù yào guòqù le, chūntiān wǒmen gēn yéye nǎinai yìqǐ qù Zhōngguó xīběi zhíshù ba?

哥哥：好 啊，我 没 意见。
gēge: Hǎo a, wǒ méi yìjiàn.

妹妹：我 还 想 去 看 一 看 青海 的 太阳能，听说 那里 用 太阳能 看 电视。
mèimei: Wǒ hái xiǎng qù kàn yí kàn Qīnghǎi de tàiyángnéng, tīngshuō nàlǐ yòng tàiyángnéng kàn diànshì.

妈妈：没 错，真 是 太 棒 了。
māma: Méi cuò, zhēn shì tài bàng le.

2 Listen to the recording and choose the right pictures.
听录音，选择正确的图片。

1

2

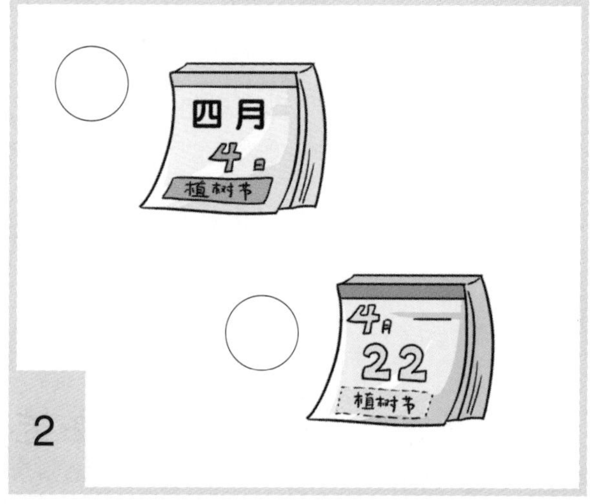

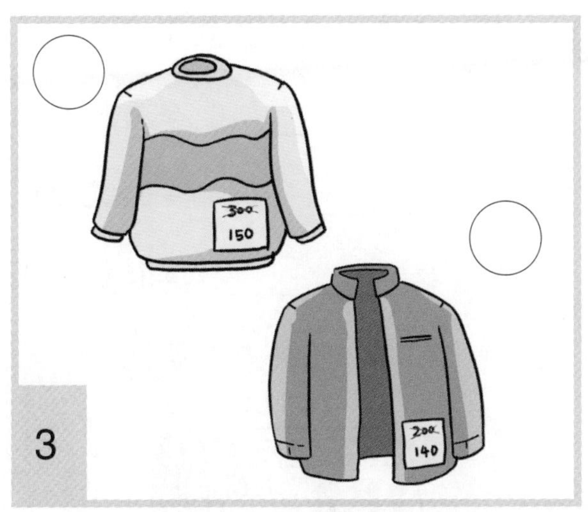

3 Work in pairs, follow the example and complete the sentence according to the pictures.

两人一组，仿照例句，看图完成下面的句子。

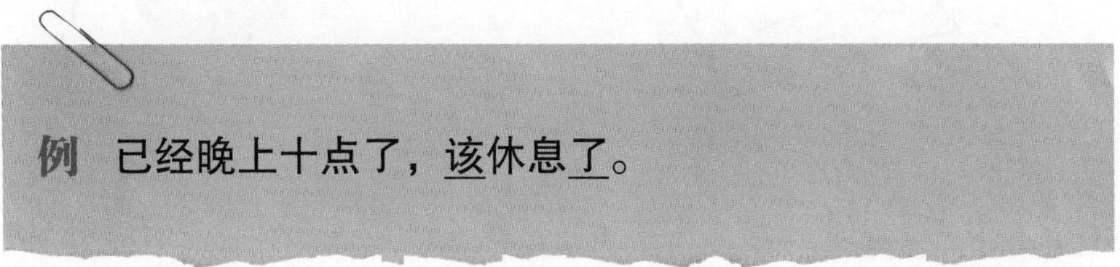

例 已经晚上十点了，<u>该</u>休息<u>了</u>。

1 妈妈：不要总是__________，

你__________！

小明：好的，妈妈，我知道了。

2 小美：黑板上写的是什么？

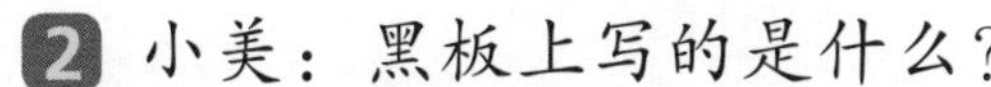

我__________！

汤姆：你__________！

3 大伟：今天晚上我们一起__________吧！

亮亮：不行！明天有__________。我__________！

4 马克：妈妈，现在几点了？

妈妈：才__________。今天是星期________，你再睡一会儿吧！

马克：我__________！真糟糕！我忘了今天要去看展览！

4 Match the sentences to complete the dialogue.

连线，完成对话。

明天有摄影课，一定不要忘了带数码相机啊！	是啊，因为空气和水污染越来越严重（yánzhòng serious）了。
你看！那儿有一个小孩儿在哭（kū cry）！	十点了！糟糕！快走！电影就要开始了！
飞飞，我的手机没电了。现在几点了？	我想买一条漂亮的裙子！
听说最近生病的人特别多！	好，可是我的存储卡丢了，我得再买一个新的。
夏天就要到了，你有什么打算？	好可怜啊！他好像找不到妈妈了！

Class game: "Wolf, wolf, what time is it?" A student standing in a circle asks: "Wolf, wolf, what time is it?" After hearing the answer of the "wolf", he or she tells the corresponding sentence and performs the act while walking forward. If hearing the "wolf" says 12 p.m., he or she must run away immediately. The one who is caught will play the "wolf".

全班游戏——"老狼（lǎoláng wolf），老狼，几点了？"。学生们围成圆圈，扮演"老狼"的学生站在中间。学生们边转圈边问"老狼，老狼几点了？"听到老狼回答的时间后，一边向前走一边说出相应的句子，并做出动作。如果听到老狼说"晚上十二点了！"马上四散逃跑，被捉住的同学当"老狼"。

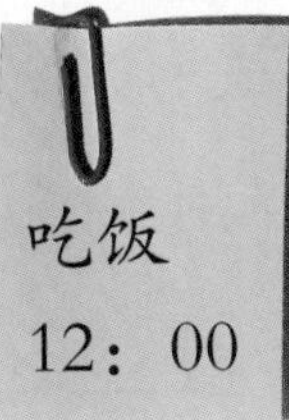

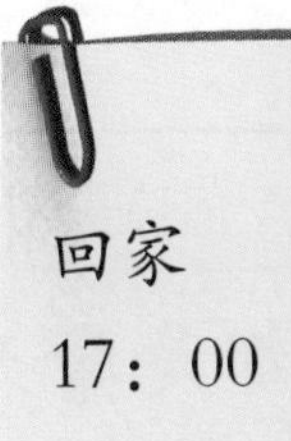

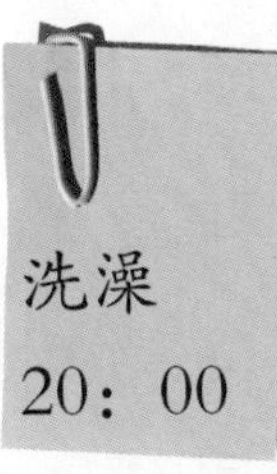

Listen to the recording and fill in the blanks.
听录音，填空。

绿色的太阳能

有________名运动员参加了北京2008年的奥运会，他们都________洗澡。你知道吗，那些热水器都是用________的。运动员大楼的屋顶有很多________，太阳能热水器就在那些花园里。不过，在用太阳能的________中，用的最多的是西藏的拉萨。一年中，拉萨大多数时候都是晴天。________，如果你去拉萨，就能看到屋顶上的太阳能热水器和街上的太阳能路灯，还有太阳能汽车呢。

词语
Vocabulary

1	运动员	yùndòng yuán	athlete
2	热水器	rèshuǐqì	water heater
3	大楼	dà lóu	large building
4	屋顶	wū dǐng	roof
5	花园	huāyuán	garden
6	西藏	Xīzàng	Tibet
7	拉萨	Lāsà	Lasha
8	晴天	qíngtiān	sunny day
9	路灯	lùdēng	road lamp

Chinese characters.

汉字。

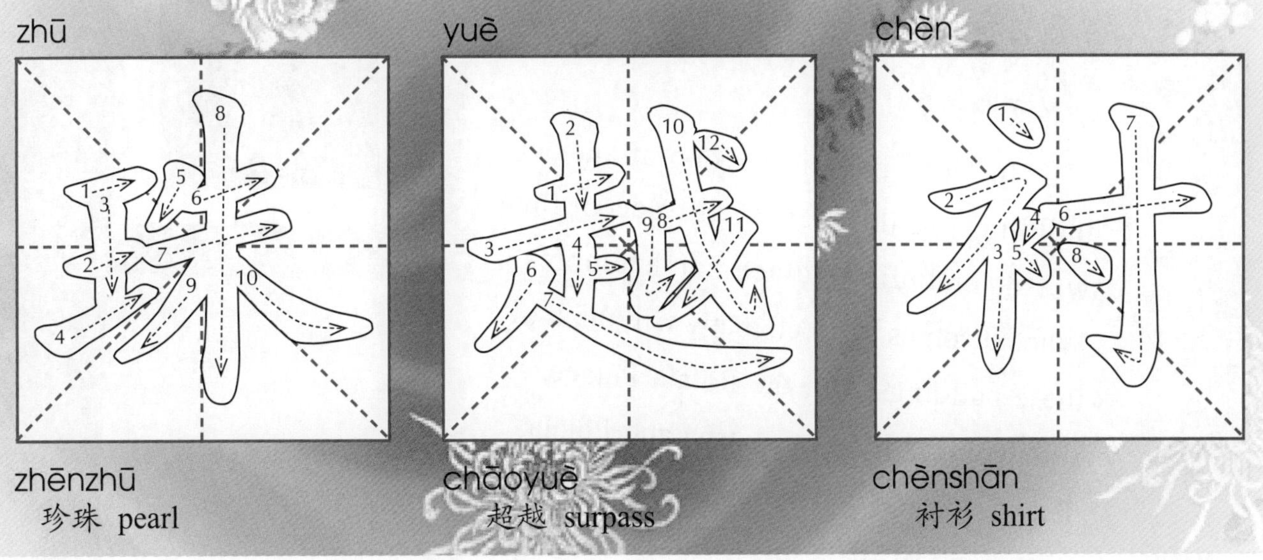

Radical learning.

部首课堂。

Radical 部首	Meaning 部首含义	Examples 例字
王	Relating to jade. 和玉石有关。	zhū 珠 qiú 球 xiàn 现
走	Relating to walking or running. 和走路或者跑动有关。	yuè 越 qǐ 起 chāo 超
衤	Relating to clothes or wearing. 和衣服或者穿戴有关。	chèn 衬 kù 裤 qún 裙

体验中国 Experiencing China

西藏有一座世界上海拔最高的古建筑群，里边有宫殿，有寺院，很多人一提起西藏，就会想到它，这就是布达拉宫。有首歌里就唱到“回到拉萨，回到了布达拉”。布达拉宫是为了纪念唐朝文成公主入藏而修建的，1994年被列入世界文化遗产。

In Tibet, there is a group of ancient buildings on the highest altitude in the world, including palaces and temples. When it comes to Tibet, many will think of these buildings, i.e., the Potala Palace. A song goes, “I return to Lasha and Potala.” The palace was built in honor of Princess Wencheng of the Tang Dynasty and was included in the list of the World Cultural Heritages in 1994.

布达拉宫的海拔有多高？

On what altitude is the Potala Palace?

从太空中看，地球是什么样子的？上网检索一些图片，做一个PPT，在图片旁边注明拍摄日期，和同学交流一下。

Seen from the space what does the Earth look like? Search for some pictures on the Internet, make a PPT file, mark the date when they were taken and share it with your classmates.

Choose one picture from them, print a copy, make an "Earth postcard" and give it to your friend.

选择其中的一张图片，打印出来，制作"地球明信片"送给你的朋友。

1 Draw lines to form phrases, spell the pinyin and the phrases' meanings in English.

连线组词，并写出词语的拼音和英语意思。

地	怪	________	________
课	池	________	________
电	说	________	________
奇	区	dìqū	region
小	文	________	________

决	言	________	________
故	定	________	________
语	系	________	________
太	事	________	________
关	空	________	________

2 Complete the sentences with appropriate words and then read them.

选择合适的词填空完成句子，然后读一读。

(1) 你看，桌子上放（　）一些水果。　　A. 过　B. 着

(2) 别（　）！我们会找到好办法的！　　A. 担心　B. 遗憾

(3) 你怎么（　）在这儿？李老师正找你呢！　　A. 还　B. 又

(4) 王力宏的歌太好听了！
昨天我（　）买了一张新专辑。　　A. 再　B. 又

(5) 这件衬衫洗得不干净，我得（　）洗一遍。　　A. 再　B. 又

(6) 今天路上堵车，我九点半（　）到学校。　　A. 就　B. 才

(7) 别再看电视了，（　　）吃饭了！　　A. 该　　B. 就

(8) 下个星期我们（　　）去参加夏令营了，真开心！　　A. 该　　B. 就要

3 Answer replay.

问答接龙。

(1) 最近哪些东西涨价了？

(2) 你参加过哪些比赛？是比赛的第几名？

(3) 你看过“2008奥运会开幕式”吗？你最喜欢哪个节目？

(4) 你们国家有植树节吗？是哪一天？中国的呢？

(5) 你喜欢摄影吗？你有没有数码相机？

(6) 你们城市的空气好不好？哪个城市的空气更好？

(7) 你喜欢听摇滚乐吗？

(8) 中国用太阳能最多的地方是哪儿？

Correct the mistakes.

找错字。

衬　冷　睡　珠　狗　收　越　笛　购　热　街　种

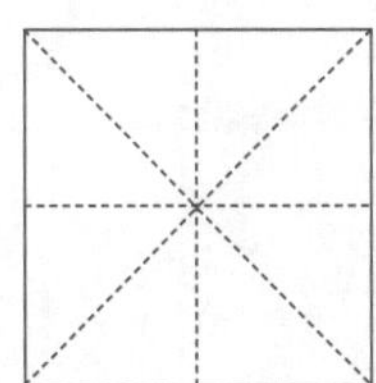 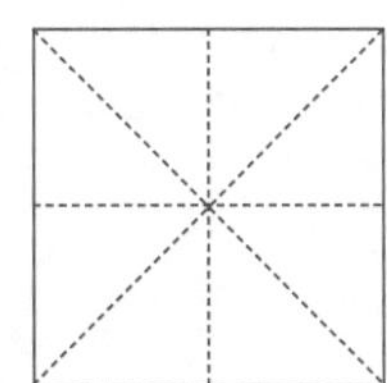 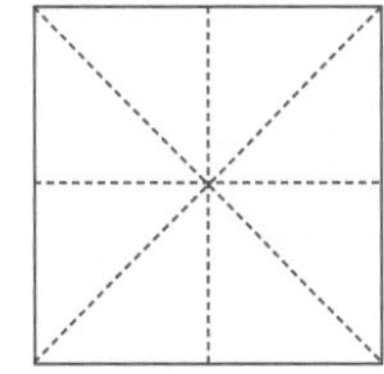 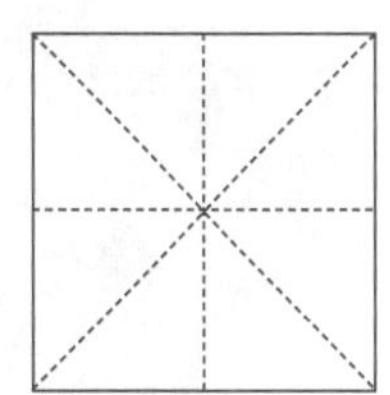

5 Read the following passage and arrange the pictures in proper order according to the passage.

阅读下面的短文，并根据短文的内容给图片排序。

马克在中国学了一年汉语。下星期一他就要回国了。马克的中国朋友李文决定这个周末请他在自己家里吃饭。

马克很早就出发了，可是路上有点儿堵车，晚上七点，马克才到李文家。他把带来的礼物送给李文。李文说："一定不要这样客气！来，我给你介绍一下我的太太（tàitai wife），她正做饭呢！"

李文的太太来到客厅。马克很有礼貌（lǐmào politeness）地赞美（zànměi praise）她很漂亮。李文的太太马上说："哪里哪里！"马克觉得很不好意思，说："头发、眼睛、耳朵、鼻子、嘴，都很漂亮！"李文笑着说："'哪里哪里'是谦虚的意思！"马克拍了拍脑袋（nǎodai head）说："明年我一定再来中国学汉语！"

词语表

Vocabulary

A

阿拉伯	Ālābó	Arab	3
艾伦	Àilún	Allen	3
安静	ānjìng	quiet	1
按照	ànzhào	according to	7
奥运会	Àoyùnhuì	Olympic Games	10

B

巴黎	Bālí	Paris	5
把	bǎ	a unit noun used together with machines	2
百	bǎi	hundred	3
帮	bāng	help	10
棒球帽	bàngqiú mào	baseball cap	6
包	bāo	a unit noun used together with machines	2
宝贝	bǎobèi	baby	6
抱歉	bàoqiàn	sorry	11*
北方	běifāng	north	1
北极	běijí	the North Pole	12
北极熊	běijíxióng	polar bear	12
比较	bǐjiào	comparatively	3
比如说	bǐrú shuō	such as	8
变形金刚	biànxíng jīngāng	transformer	9
表达	biǎodá	express	1
表扬	biǎoyáng	praise	1
别的	bié de	other	4

*表示只要求认知，不要求掌握的词。 *refers to the words which request not to be mastered, but to be cognized.

冰	bīng	ice	12
冰箱	bīngxiāng	refrigerator	2
拨	bō	stir	11
波	bō	wave	11
不错	búcuò	good	2*
不该	bù gāi	should not	5
不过	búguò	but	1
不好意思	bù hǎo yìsi	excuse me	11
不然的话	bùrán de huà	otherwise	3
不同	bùtóng	different	9
不像话	bú xiànghuà	ill-behaved	5
不信	bú xìn	disbelieve	6
不要紧	bú yàojǐng	it doesn't matter	11*
不一定	bù yí dìng	unnecessary	4

C

菜	cài	dish	4
参加	cānjiā	participate in	3
餐馆	cānguǎn	restaurant	8
餐巾纸	cānjīnzhǐ	napkin	2
叉子	chāzi	fork	2
场	chǎng	times	5
吵	chǎo	noisy	11
成长	chéngzhǎng	grow up	7
城市	chéngshì	city	3
称	chēng	weigh	4
吃药	chī yào	ake medicine	7
迟到	chídào	late	5
充电	chōngdiàn	recharge	8
出发	chūfā	start	5
出租车	chūzū chē	taxi	5
川菜	Chuāncài	dish of the Sichuan style	4

词	cí	word	10
此致	cǐzhì	with greetings	2
次	cì	times	1
从	cóng	from	7
粗心大意	cūxīn dàyì	careless	11
存储卡	cúnchǔ kǎ	memory card	11

D

打工	dǎgōng	do manual work for living	8
打喷嚏	dǎ pēntì	sneeze	7
打算	dǎsuàn	intend	8
打折	dǎzhé	give a discount	4
大吃一惊	dà chī yì jīng	a big surprise	11*
大概	dàgài	approximately	5
大楼	dà lóu	large building	12
丹顶鹤	dāndǐnghè	red-crowned crane	1
单元	dānyuán	unit	2
担心	dānxīn	worry	9
道	dào	course	4
得	děi	have to	2*
得了吧	déle ba	give me a break	6
等	děng	wait	6
等一等	děng yī děng	wait	5
地区	dìqū	region	9
地铁	dìtiě	subway	5
地址	dìzhǐ	address	2*
第一名	dìyī míng	first place	9
电	diàn	electricity	8
电池	diànchí	battery	11
电器	diànqì	electrical appliance	8
订单	dìngdān	order	2*
丢	diū	lose	10

东京	Dōngjīng	Tokyo	5
动作	dòngzuò	motion	1
都	dōu	all	2
堵	dǔ	jam	4
堵车	dǔchē	traffic jam	5
杜鹃	dùjuān	cuckoo	9
度假	dùjià	go for a holiday	5
对话	duìhuà	dialogue	10
蹲	dūn	squat	3
顿	dùn	(measure word)	12
多么	duōme	how	6

E

鹅	é	goose	11
儿化音	érhuà yīn	er sound	10
儿女	érnǚ	children	6
儿子	érzi	son	6

F

发明	fāmíng	invent	3
发烧	fāshāo	catch a fever	7
发生	fāshēng	happen	12*
发音	fāyīn	pronunciation	10
翻	fān	turn over	3
反对	fǎnduì	objection	1
方式	fāngshì	means	2*
非常	fēicháng	very	2
分钟	fēn zhōng	minute	4
服务员	fúwùyuán	waiter, waitress	4
浮	fú	float	11
父亲	fùqīn	father	6
副	fù	a set, a pair	6

G

敢	gǎn	dare	9
感觉	gǎnjué	feeling	1
感冒	gǎnmào	catch a cold	7
刚	gāng	just	7
高峰	gāofēng	rush hour	5
高速路	gāosù lù	highway	4
告诉	gàosu	tell	1
胳膊	gēbo	arm	3
工作	gōngzuò	work	6
公共汽车	gōnggòng qìchē	bus	5
公斤	gōngjīn	kilogram	4
公里	gōnglǐ	kilometer	4
故事	gùshi	story	11
挂	guà	hang	9
关系	guānxì	relationship	12
广东	Guǎngdōng	Guangdong	8
过来	guòlái	come over	6
过敏	guòmǐn	allergic	7
过年	guònián	celebrate the new year	1
过生日	guò shēngrì	celebrate one's birthday	6

H

孩子	háizi	child	6
寒假	hánjià	winter holiday	1
汉字	Hànzì	Chinese character	3
好处	hǎochù	benefit	12*
好主意	hǎo zhǔyì	a good idea	1*
号	hào	size	4
号码	hàomǎ	number	2
后天	hòutiān	the day after tomorrow	6

花园	huāyuán	garden	12
画面	huàmiàn	picture	1
怀疑	huáiyí	doubt	1
还	huán	also	8
换	huàn	change	5
回来	huílái	come back	1
回去	huíqù	go back	1
火车	huǒchē	train	5
火车站	huǒchē zhàn	railway station	5

J

机票	jīpiào	air ticket	8
鸡蛋	jīdàn	egg	7
吉他	jítā	guitar	10
急死人	jí sǐ rén	vexing	4
集合	jíhé	gather	8
计划	jìhuà	plan	8
甲	jiǎ	(indicates a person)	12
价格	jiàgé	price	2*
健康	jiànkāng	health	5
郊区	jiāoqū	suburb	3
叫做	jiàozuò	be called	3
街	jiē	street	2
节目	jiémù	program	10
节省	jiéshěng	save	5
借	jiè	borrow	8
斤	jīn	a unit of weight	4
近	jìn	near	5
进	jìn	forward	10
禁止	jìnzhǐ	forbid	5*
惊喜	jīngxǐ	surprise	8*
敬礼	jìnglǐ	salute	2

决定	juédìng	decide	9
觉得	juéde	feel	1

K

卡片	kǎpiàn	card	8*
开车	kāichē	drive a car	9
开会	kāihuì	have a meeting	7*
开幕式	kāimù shì	opening ceremony	10
开始	kāishǐ	start	3
开心	kāixīn	happy	1
康复	kāngfù	recovery	7
考试	kǎoshì	exam	5
科幻	kēhuàn	science fiction	11
可口可乐	kěkǒu kělè	Coke Cola	10
可怜	kělián	pity	12
可惜	kěxī	pity	10
克	kè	gram	4
客厅	kètīng	living room	2
课文	kèwén	text	10
口	kǒu	mouth	3
哭	kū	cry	12*
块	kuài	yuan	9
快递公司	kuàidì gōngsī	delivery company	2
筷子	kuàizi	chopstick	2

L

拉萨	Lāsà	Lasha	12
辣	là	spicy	4
辣妹	là mèi	spicy girl	4
老	lǎo	old	2
老家	lǎojiā	hometown	1
老狼	lǎoláng	wolf	12*

老人	lǎo rén	old people	6
姥姥	lǎolao	maternal grandma	6
姥爷	lǎoye	maternal grandpa	6
离	lí	far from	5
礼貌	lǐmào	politeness	12*
里面	lǐmiàn	inside	7
俩	liǎ	two	5
两	liǎng	a unit of weight	4
辆	liàng	a unit noun used together with vehicles	1*
流眼泪	liú yǎnlèi	shed tears	7
楼	lóu	building	2
路灯	lùdēng	road lamp	12
旅游	lǚyóu	travel	8
伦敦	Lúndūn	London	5
落山	luò shān	sunset	12

M

嘛	ma	obviously	4
麦克风	màikèfēng	microphone	10
慢	màn	slowly	2*
慢慢地	mànmàn de	slowly	3
慢慢腾腾	mànmantēngtēng	sluggish	5
毛	máo	feather	11
毛	máo	jiao	9
毛毛虫	máomaochóng	caterpillar	11*
没准儿	méizhǔnr	maybe	11
每	měi	every	1
明白	míngbai	understand	3
母亲	mǔqīn	mother	6
木头	mùtou	wood	4

N

南方	nánfāng	south	1
难受	nánshòu	feel bad	7
脑袋	nǎodai	head	12*
鸟类	niǎolèi	birds	1
柠檬水	níngméngshuì	lemonade	6*
纽约	Niǔyuē	New York	5
女儿	nǚ'ér	daughter	4
暖	nuǎn	warm	12

P

盘	pán	disc	10
平时	píngshí	in daily life	4
普通话	pǔtōnghuà	mandarin	10

Q

奇怪	qíguài	strange	12
骑车	qí chē	ride a bike	5
起来	qǐlái	stand up	3
汽油	qìyóu	gasoline	9
千	qiān	thousand	1
谦虚	qiānxū	modesty	1
前年	qiánnián	the year before last	3
亲爱的	qīnàide	dear	2
亲切	qīnqiè	cordial	6
青海	Qīnghǎi	Qinghai (a province in China)	12
轻轻地	qīng qīng de	softly	3
清	qīng	clean	11
晴天	qíngtiān	sunny day	12
区	qū	district	2

曲	qū	bend	11
取	qǔ	name	9

R

然后	ránhòu	then	5
热量	rèliàng	calorie	7
热身	rèshēn	warm-up	3
热水器	rèshuǐqì	water heater	12
融化	rónghuà	melt	12

S

赛车手	sàichē shǒu	car racer	9
沙发	shāfā	sofa	10
商场	shāngchǎng	shopping center	2
商品名称	shāngpǐn míngchēng	names of items	2*
上班	shàngbān	go to work	5
上床	shàngchuáng	go to bed	5*
上学	shàngxué	go to school	9
勺子	sháozi	spoon	2
摄影	shèyǐng	photography	11
升	shēng	liter	9
生病	shēngbìng	sick	7
生活	shēnghuó	life	6
石油	shíyóu	petroleum	9
食宿费	shí sù fèi	fee for accommodation	8
市	shì	city	2
手电筒	shǒudiàntǒng	electrical torch	8
受伤	shòushāng	hurt	3
书法	shūfǎ	calligraphy	8
蔬菜	shūcài	vegetable	7
属	shǔ	be, belong to	3
暑假	shǔjià	summer holiday	8

树叶	shù yè	leave	4
数量	shùliàng	quantity	2*
数码相机	shùmǎ xiàngjī	digital camera	11
数字	shùzì	number	3
双	shuāng	pair	2
双胞胎	shuāngbāotāi	twins	2*
双鱼座	shuāngyúzuò	Pisces	3
水果	shuǐguǒ	fruit	7
说法	shuōfǎ	saying	7
说好	shuōhǎo	come to an agreement	4*
送货	sòng huò	goods delivery	2
算了	suàn le	let it go	11
孙女	sūnnǚ	granddaughter	6
孙子	sūnzi	grandson	6
缩写	suōxiě	abbreviation	10
所以	suǒyǐ	so	6
所有	suǒyǒu	all	8

T

台	tái	a unit noun used together with machines	2
台风	táifēng	typhoon	9
抬	tái	raise	3
太极拳	tàijíquán	Taijiquan	8
太空	tàikōng	space	12
太太	tàitai	wife	12*
太阳能	tàiyángnéng	solar energy	9
糖	táng	sugar	3*
特别	tèbié	in particular	10
提高	tígāo	improve	5
跳	tiào	jump	3
停车场	tíngchē chǎng	parking lot	4

同时	tóngshí	in the meantime	9
同意	tóngyì	agree	1
头	tóu	(measure word)	12
团团圆圆	tuántuán yuányuán	reunited	6
腿	tuǐ	leg	3
退	tuì	backward	10

W

外公	wàigōng	maternal grandpa	6
外国	wàiguó	foreign country	6
外婆	wàipó	maternal grandma	6
完	wán	over	5
万	wàn	ten thousand	3
往	wǎng	toward	10
微降	wēijiàng	slightly reduced	9*
维生素	wéishēngsù	vitamin	7
文化	wénhuà	culture	10
污染	wūrǎn	pollution	12
屋顶	wū dǐng	roof	12
武术	wǔshù	martial art	8

X

西藏	Xīzàng	Tibet	12
洗衣机	xǐyījī	washing machine	2
下次	xià cì	next time	11
先	xiān	first	1
羡慕	xiànmù	admire	1
香	xiāng	delicious	12
想	xiǎng	think	7
向	xiàng	toward	11
项	xiàng	neck	11
小区	xiǎoqū	community	2

小说	xiǎoshuō	novel	11
校门	xiào mén	school gate	11
心意	xīnyì	intention	7
辛苦	xīnkǔ	hard	6
星座	xīngzuò	constellation	3
姓名	xìngmíng	name	2*
需要	xūyào	need	7
学习	xuéxí	study	6

Y

牙膏	yágāo	toothpaste	4
亚洲	Yàzhōu	Asia	1
严重	yánzhòng	serious	12*
摇滚乐	yáogǔnyuè	rock music	11
遥控器	yáokòng qì	remote control	2
钥匙	yàoshi	key	10
也许	yěxǔ	perhaps	1
页	yè	page	3
一段路	yíduànlù	a section of a road	5
一共	yígòng	in total	1*
一直	yìzhí	always	7
遗憾	yíhàn	pity	8
乙	yǐ	(indicates a person)	12
以前	yǐqián	before	5
亿	yì	hundred million	3
意思	yìsi	meaning	1
印章	yìnzhāng	seal	7
哟	yo	hey	4
游戏机	yóuxìjī	game player	8
有利于	yǒulìyú	beneficial	5
有时候	yǒushíhou	sometimes	10
有意思	yǒu yìsi	interesting	10

宇航员	yǔhángyuán	astronaut	4
语言	yǔyán	language	10
原来	yuánlái	it turns out that	11*
愿意	yuànyì	willingness	8
约	yuē	make an appointment	4*
运动员	yùndòng yuán	athlete	12

Z

灾害	zāihài	disaster	9
再	zài	again	3
赞成	zànchéng	approve	1*
赞美	zànměi	praise	12*
早日	zǎorì	early	7
怎么办	zěnme bàn	what can be done	4
展览	zhǎnlǎn	exhibition	8
战争	zhànzhēng	war	11
涨	zhǎng	rise	9
涨价	zhǎngjià	rise in price	9
长	zhǎng	grow	7
掌	zhǎng	feet	11
照片	zhàopiàn	picture	9
折	zhé	discount	4
这么	zhème	so	5
挣	zhèng	earn	8
正	zhèng	just, precisely	9
支	zhī	a unit noun used together with pencils, flowers, etc.	9*
职员	zhíyuán	staff	2
植树	zhíshù	plant trees	12
植物	zhíwù	plant	8
制造	zhìzào	make	1*
质量	zhìliàng	quality	5

中国	Zhōngguó	China	2
中文	Zhōngwén	Chinese	9
注意	zhùyì	pay attention	11
祝贺	zhùhè	congratulate	1
转	zhuǎn	turn	11*
准备	zhǔnbèi	prepare	8*
子女	zǐnǚ	children	6
自己	zìjǐ	oneself	1
自行车	zìxíngchē	bike	5
走	zǒu	go, leave	1
组合	zǔhé	band	4
昨晚	zuówǎn	last night	10
左右	zuǒyòu	or so	5
作曲家	zuòqǔjiā	composer	11

郑重声明

图书在版编目(CIP)数据

体验汉语初中学生用书 .2B/国际语言研究与发展中心
北京：高等教育出版社，2009.5（2011.9重印）
ISBN 978-7-04-027580-3
Ⅰ.体... Ⅱ.国... Ⅲ.汉语－对外汉语教学－教材 Ⅳ.H195.4
中国版本图书馆CIP数据核字（2009）第067829号

策划编辑 徐群森　　责任编辑 常丽萍　　责任校对 常丽萍　　责任印制 张泽业

出版发行	高等教育出版社	咨询电话	400-810-0598
社　　址	北京市西城区德外大街4号	网　　址	http://www.hep.edu.cn
邮政编码	100120		http://www.hep.com.cn
印　　刷	蓝马彩色印刷中心	网上订购	http://www.landraco.com
开　　本	889×1194 1/16		http://www.landraco.com.cn
印　　张	11		
字　　数	331 000	版　　次	2009年5月第1版
购书热线	010-58581118	印　　次	2011年9月第4次印刷

本书如有缺页、倒页、脱页等质量问题，请到所购图书销售部门联系调换　ISBN 978-7-04-027580-3

物料号 27580-00